Cozinha internacional
uma viagem gastronômica

Helena Branco Meister

Cozinha internacional
uma viagem gastronômica

Rua Clara Vendramin, 58 . Mossunguê . CEP 81200-170
Curitiba . PR . Brasil . Fone: (41) 2106-4170
www.intersaberes.com . editora@intersaberes.com

Conselho editorial
Dr. Alexandre Coutinho Pagliarini
Drª Elena Godoy
Dr. Neri dos Santos
Mª Maria Lúcia Prado Sabatella

Editora-chefe
Lindsay Azambuja

Gerente editorial
Ariadne Nunes Wenger

Assistente editorial
Daniela Viroli Pereira Pinto

Preparação de originais
Gilberto Girardello Filho

Edição de texto
Camila Rosa
Millefoglie Serviços de Edição

Capa
Charles L. da Silva (*design*)
Natalia Lisovskaya, Chatham172 e
Svetlana Monyakova/Shutterstock
(imagens)

Projeto gráfico
Charles L. da Silva (*design*)
Iryn/Shutterstock (imagem)

Diagramação
Fabio V. da Silva

Designer **responsável**
Charles L. da Silva

Iconografia
Regina Claudia Cruz Prestes
Sandra Lopis da Silveira

Dados Internacionais de Catalogação na Publicação (CIP)
(Câmara Brasileira do Livro, SP, Brasil)

Meister, Helena Branco
  Cozinha internacional : uma viagem gastronômica / Helena Branco Meister. -- Curitiba, PR : InterSaberes, 2025.

  Bibliografia.
  ISBN 978-85-227-1425-4

  1. Culinária internacional I. Título.

24-200339   CDD-641.59

Índices para catálogo sistemático:
1. Culinária internacional   641.59

Cibele Maria Dias – Bibliotecária – CRB-8/9427

1ª edição, 2025.
Foi feito o depósito legal.
Informamos que é de inteira responsabilidade dos autores a emissão de conceitos.
Nenhuma parte desta publicação poderá ser reproduzida por qualquer meio ou forma sem a prévia autorização da Editora InterSaberes.
A violação dos direitos autorais é crime estabelecido na Lei n. 9.610/1998 e punido pelo art. 184 do Código Penal.

Sumário

Apresentação, 7
Como aproveitar ao máximo este livro, 9

Capítulo 1
Cozinha internacional, 13

1.1 Cozinha regional, 15
1.2 Internacionalização da gastronomia e dos ingredientes: arte e técnica gastronômicas, 15
1.3 Cozinha contemporânea e serviços gastronômicos, 16

Capítulo 2
Cozinha das Américas: culinárias regionais e influências, 19

2.1 Cozinha mexicana, 21
2.2 Cozinha peruana, 26
2.3 Cozinha chilena, 32
2.4 Cozinha argentina, 38
2.5 Cozinha estadunidense, 44

Capítulo 3
Cozinha europeia: culinárias regionais e influências, 57

3.1 Cozinha portuguesa, 59
3.2 Cozinha espanhola, 64
3.3 Cozinha alemã, 72
3.4 Cozinha italiana, 79
3.5 Cozinha francesa, 86

Capítulo 4
Cozinha asiática: culinárias regionais e influências, 99

4.1 Cozinha chinesa, **101**
4.2 Cozinha vietnamita, **105**
4.3 Cozinha indiana, **112**
4.4 Cozinha tailandesa, **117**
4.5 Cozinha japonesa, **122**

Capítulo 5
Cozinha africana: culinárias regionais e influências, 131

5.1 A cozinha do continente africano, **133**

Considerações finais, **153**
Referências, **155**
Respostas, **159**
Sobre a autora, **163**

Apresentação

Neste livro, exemplificamos o conceito de cozinha internacional, com base na cultura e na prática alimentar de cada continente. Destinamos este escrito àqueles que desejam adquirir mais conhecimentos acerca da história e da origem da cultura alimentar de quatro continentes e que pretendem se aventurar no universo de diferentes misturas e sabores por meio de receitas típicas.

Dividimos esta obra em cinco capítulos. O Capítulo 1, mais breve, tem caráter meramente introdutório. Nele, explicamos como ocorreu a internacionalização de tudo que envolve a gastronomia, o que é a cozinha internacional e qual foi a trajetória dessa área até contemporaneidade.

Nos quatro capítulos subsequentes, abordamos a gastronomia praticada nas principais referências de quatro continentes, a saber: Américas, Europa, Ásia e África. Para cada localidade incluída, compomos uma breve contextualização considerando aspectos como formação, evolução e crescimento da região. Em seguida, tratamos sobre os ingredientes mais utilizados, as preparações tradicionais e as principais técnicas de preparo. Além disso, ao final de cada subcapítulo, apresentamos o passo a passo para fazer algumas das receitas citadas.

Esperamos que, com base nesta leitura, você se capacite a reconhecer quais são as cozinhas de maior significado para a cultura alimentar mundial e, com efeito, aprofundar-se em ingredientes, técnicas e preparos regionais, a fim de se tornar um profissional apto a transformar seu conhecimento em prática, desenvolvendo receitas únicas e saborosas.

Desejamos a você uma boa leitura e bons estudos.

Como aproveitar ao máximo este livro

Empregamos nesta obra recursos que visam enriquecer seu aprendizado, facilitar a compreensão dos conteúdos e tornar a leitura mais dinâmica. Conheça a seguir cada uma dessas ferramentas e saiba como elas estão distribuídas no decorrer deste livro para bem aproveitá-las.

Conteúdos do capítulo:

Logo na abertura do capítulo, relacionamos os conteúdos que nele serão abordados.

Após o estudo deste capítulo, você será capaz de:

Antes de iniciarmos nossa abordagem, listamos as habilidades trabalhadas no capítulo e os conhecimentos que você assimilará no decorrer do texto.

Síntese

Ao final de cada capítulo, relacionamos as principais informações nele abordadas a fim de que você avalie as conclusões a que chegou, confirmando-as ou redefinindo-as.

Para saber mais

Sugerimos a leitura de diferentes conteúdos digitais e impressos para que você aprofunde sua aprendizagem e siga buscando conhecimento.

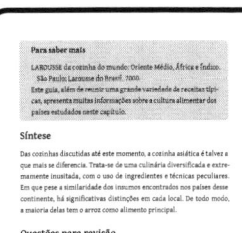

Questões para revisão

Ao realizar estas atividades, você poderá rever os principais conceitos analisados. Ao final do livro, disponibilizamos as respostas às questões para a verificação de sua aprendizagem.

Questão para reflexão

Ao propor estas questões, pretendemos estimular sua reflexão crítica sobre temas que ampliam a discussão dos conteúdos tratados no capítulo, contemplando ideias e experiências que podem ser compartilhadas com seus pares.

Capítulo 1

Cozinha internacional

Conteúdos do capítulo:
- Técnicas de preparação básica de acordo com cada região.
- Internacionalização da gastronomia e dos ingredientes.
- Arte e técnica aplicadas à cozinha internacional.
- Serviços gastronômicos.
- Cozinha contemporânea.

Após o estudo deste capítulo, você será capaz de:
1. relatar a origem das alimentações regionais;
2. explicar diferentes culturas alimentares.

1.1 Cozinha regional

A alimentação regional é definida por elementos como geografia, valores religiosos e fatos históricos locais (Veloso; Lima; Sinohara, 2022). A agricultura, a pecuária e a pesca são fatores importantes a serem considerados quando tratamos da origem dos pratos típicos de cada lugar, assim como o clima e o passado da população nativa (Loureiro, 2021).

Os diferentes hábitos alimentares praticados pelo mundo são resultado de fatores que se manifestam em cada região, como localização, nível de complexidade da produção agrícola e quantidade de habitantes (Junru, 2018). Assim como os aspectos geográficos, a produção de alimentos e a criatividade locais também determinam as expressões culturais gastronômicas de cada país (Pavez; Recart, 2013).

Isso significa que não é possível resumir a cultura alimentar de uma localidade apenas com base em decisões políticas, sociais ou ambientais. É necessário considerar o cotidiano local como um todo, além das necessidades alimentares particulares (Montanari, 2004).

Logo, a gastronomia regional é construída diariamente e expressa por aspectos como religião, falta ou abundância de alimentos, festas e momentos de reunião; com efeito, a gastronomia internacional está em constante processo de evolução (Loureiro, 2021).

1.2 Internacionalização da gastronomia e dos ingredientes: arte e técnica gastronômicas

A internacionalização da gastronomia e de seus ingredientes pode ser compreendida, de uma maneira bem simples, como decorrência do intercâmbio de conhecimentos, técnicas, ingredientes e culturas de diferentes países ao longo dos anos.

Esse processo pode ser resultado de desenvolvimento e criação de preparações inusitadas ou de migrações e invasões. É graças a esse movimento ininterrupto que as técnicas passam por constante aperfeiçoamento – semelhante a um movimento artístico que incorpora novos temas, materiais e técnicas (Leal, 1998).

Portanto, cada preparação é única e original à sua maneira, uma vez que as diferentes regiões têm suas próprias preferências no que diz respeito à comida e à culinária (Lancio, 2014).

Quando renomados *chefs* utilizam seus conhecimentos gastronômicos, como os referentes a fundamentos de uma gastronomia clássica, e sua criatividade para elaborar novos pratos com originalidade, respeitando os insumos da região em uma cozinha voltada à inovação (Leal, 1998), surge a cozinha internacional.

1.3 Cozinha contemporânea e serviços gastronômicos

A contemporaneidade – período que teve início com a Revolução Francesa, em 1789, e que segue em curso – consiste em um momento da história marcado por diversas mudanças que transformaram os padrões alimentares, as quais também desencadearam importantes consequências sociais (Carneiro, 2003).

Napoleão Bonaparte, então governante francês, contribuiu para o contexto da gastronomia com a criação de alguns métodos, como a produção de conservas e o desenvolvimento de menus mais sofisticados, como os que existem hoje em dia. Os cardápios, por exemplo, deixaram de ser meramente listas com opções gastronômicas e assumiram uma feição mais sofisticada, artística e luxuosa. Além disso, na mesma época, foram abertos os primeiros negócios gastronômicos por *chefs* que queriam se dedicar à arte de cozinhar. Assim surgiu a cozinha burguesa, nascida da mescla entre a alta gastronomia e a simplicidade campesina (Leal, 1998).

Sucessor de Napoleão, Luís Filipe seguiu apoiando o desenvolvimento da gastronomia, mediante a fundação de grêmios e sociedades gastronômicas.

Um dos chefs de maior destaque nesse período foi Grimod de la Reyniére, profissional muito estudioso e dedicado que foi o responsável pela criação do serviço à francesa, o qual consiste em servir cada prato uma única vez. Outro chef de notória importância, Pierre de La Varenne, inventou o roux, uma mistura de farinha e gordura que se tornaria essencial na preparação de diversos molhos (Attali; Pinheiro, 2018).

A culinária seguiu evoluindo por um longo período, e um exemplo desse processo foi a criação da Le Cordon Bleu, a primeira escola destinada a ensinar a culinária francesa (Leal, 1998).

Síntese

Neste primeiro capítulo, fizemos uma breve introdução da gastronomia internacional a fim de especificar quais fatores são determinantes para a construção da culinária regional de um país e em que medida tais aspectos contribuem para particularidades gastronômicas de cada região.

Para saber mais

SALDANHA, R. M. **Histórias, lendas e curiosidades da gastronomia**. Rio de Janeiro: Senac Rio, 2011.
Neste livro, Roberta Malta Saldanha reúne informações sobre a origem do uso de certos ingredientes e ferramentas no âmbito da gastronomia. Com base em fontes confiáveis e de maneira leve e divertida, a autora conta a história de pratos, receitas e outros assuntos relacionados a essa área.

Questões para revisão

1. Após estudar as primeiras invenções da culinária francesa, pesquise e explique detalhadamente o conceito do serviço à francesa.
2. O que é o roux? Quem o inventou e para que ele serve?

3. Assinale a seguir a alternativa que melhor apresenta o conceito de internacionalização da gastronomia:
   a) Intercâmbio de métodos, ingredientes e religião.
   b) Intercâmbio de técnicas, insumos e culturas.
   c) Intercâmbio de técnicas, ingredientes e culturas.
   d) Intercâmbio de técnicas, ingredientes e religião.
   e) Intercâmbio de métodos, técnicas e insumos.

4. Assinale a seguir a alternativa que indica corretamente os aspectos relacionados à construção da alimentação local:
   a) Geografia, valores religiosos, fatos históricos e clima.
   b) Geografia, valores religiosos, clima e agricultura.
   c) Geografia, valores religiosos, fatos históricos e agricultura.
   d) Geografia, agricultura, pecuária e pesca.
   e) Geografia, valores religiosos, pecuária e pesca.

5. Assinale a seguir a alternativa que preenche corretamente a seguinte frase:

   A escola Le Cordon Bleu foi a primeira a ensinar as artes culinárias _____.
   a) romanas
   b) italianas
   c) francesas
   d) alemãs
   e) chinesas

Questão para reflexão

1. Você acredita que a cozinha internacional facilita a alimentação de viajantes ou turistas quando estes se encontram em outras localidades que não seus países de origem?

Capítulo 2

Cozinha das Américas: culinárias regionais e influências

Conteúdos do capítulo:
- Cozinha mexicana.
- Cozinha peruana.
- Cozinha chilena.
- Cozinha argentina.
- Cozinha estadunidense.

Após o estudo deste capítulo, você será capaz de:
1. descrever as culinárias de alguns países das Américas do Norte e do Sul, bem como as influências recebidas;
2. identificar os ingredientes típicos e os pratos tradicionais regionais americanos;
3. desenvolver as diversas técnicas de preparo das culinárias das regiões estudadas;
4. compreender o cenário gastronômico das Américas.

2.1 Cozinha mexicana

Nascida da fusão entre a culinária indígena, sustentada pela imensa riqueza vegetal e animal, e as técnicas e os ingredientes europeus, a cozinha mexicana representa uma síntese de conhecimentos milenares, por sua diversidade e tradição (Veloso et al., 2019). Trata-se de uma gastronomia cheia de texturas e sabores intensos, que apresenta particularidades culinárias dos tempos coloniais (Hamilton, 2018).

Em razão da mescla entre a gastronomia espanhola e a cultura indígena local, o México é considerado um dos países com maior miscigenação cultural, combinação que deu origem a uma culinária mestiça (Veloso; Lima; Sinohara, 2022).

Em virtude de ser, essencialmente, um país de raízes indígenas (Katz, 2019), dada a influência dos nativos, na gastronomia mexicana, predominam os sabores azedo e picante (Veloso; Lima; Sinohara, 2022).

A história culinária do país começou quando os colonos chegaram ao México e se depararam com um extenso conhecimento local (Veloso et al., 2019), bem como com as tradições e os conhecimentos dos maias e astecas (Pavez; Recart, 2013). Esse contexto, além das fortes influências de povos angolanos, filipinos e andaluzes, favoreceu a construção de um enorme legado cultural (Veloso et al., 2019).

Das contribuições astecas, destacam-se as culturas de milho, feijão, baunilha, abacate, entre outros alimentos, ao passo que os maias cultivavam cacau (Pavez; Recart, 2013).

Algumas influências adquiridas de povos estrangeiros e que foram incorporadas à gastronomia mexicana foram: o cultivo de trigo, o ato de fazer pão e o consumo de manteiga e queijo, assim como o plantio de uvas para a produção de vinho (Veloso et al., 2019). Na época dos colonizadores, as plantações de trigo proveram todo o país (Pavez; Recart, 2013).

À época da conquista espanhola, o poderio econômico da população nativa restringia algumas práticas alimentares. Assim, os camponeses podiam alimentar-se apenas de pequenos animais, ao passo que os nobres, que detinham o privilégio da caça, fartavam-se com carnes vindas de tal prática (Katz, 2009).

Ingredientes típicos, pratos tradicionais regionais e principais técnicas de preparo

A culinária mexicana é baseada em produtos regionais e muito conhecida por ser apimentada, por conta do recorrente e abundante uso de pimentas (Pavez; Recart, 2013).

Tortillhas de milho, diferentes tipos de feijão e pimenta são os alimentos básicos dos mexicanos e estão presentes na gastronomia local desde antes da colonização (Katz, 2009). Entre os principais pratos do país, estão: tortilhas de milho, guacamole, *chile relleno* e *chile en nogada*.

O milho, importante ingrediente para diversos pratos, além de ser a base alimentícia local, é cultivado no México há mais de seis mil anos, graças à sua facilidade de adaptação aos terrenos e climas do país (Pavez; Recart, 2013).

As tortilhas mexicanas são originalmente feitas de farinha de milho, mas também podem ser produzidas com uma mistura de trigo ou apenas trigo (Veloso et al., 2019). Seu formato é o de um disco liso e achatado, que pode ter várias espessuras (Katz, 2009). Para prepará-las, basta cozinhar a massa sob um disco de barro, o *comal*. Seus recheios variam conforme a região e podem ser de carne de frango, de porco, ou com legumes, sempre bem picantes (Pavez; Recart, 2013).

Muito comum no Brasil, a mistura de arroz e feijão também é uma das bases alimentícias no México, podendo ser refogada (Holland, 2015) e complementada com carne, peixe, além de banana frita ou assada, pimenta *chipotle* ou ervas para finalizar (Pavez; Recart, 2013).

É comum que, sem o arroz, o feijão seja consumido em forma de purê, guarnecendo *burritos*. Esse purê é cozido, amassado e refogado em óleo com cebolas e alho, adquirindo um sabor adocicado (Holland, 2015).

A culinária mexicana é identificada pelo sabor picante, já que o uso das pimentas é extremamente comum e necessário para diversos pratos típicos. Os condimentos que representam a cozinha do país são as pimentas (*chilli*), e há variações desses condimentos, com sabores que vão de picantes a doces. Dessa forma, o tipo escolhido de pimenta define a picância e o sabor do prato (Holland, 2015). Apesar da ampla variedade, as pimentas mais consumidas são *jalapeño*, *serrano* e *poblano* (Veloso et al., 2019).

A *jalapeño* é muito usada na fabricação de conservas e para produzir *chipotle* – uma herança dos povos pré-hispânicos (Veloso et al., 2019). Por sua vez, a pimenta *serrano* ou *chile verde* é a mais apreciada no México e, também, a mais picante, sendo o ingrediente básico da *salsa* mexicana; pode ser desidratada e defumada, ou utilizada em sopas (Pavez; Recart, 2013). Já a pimenta *poblano* é a mais comum no país (Veloso et al., 2019) e é tão versátil que, além de ser consumido cozido, pode ser comido cru ou assado (Katz, 2009).

Alguns pratos em que a pimenta é ingrediente indispensável são o *chile relleno* e o *chile en nogada*, que consistem em pimentas recheadas com carne e empanadas com ovos batidos e farinha de rosca e, depois, fritas. No entanto, o tipo de pimenta utilizada e as finalizações de cada prato são diferentes entre ambos (Veloso et al., 2019).

O sabor picante característico é introduzido na alimentação desde cedo. É comum que as crianças consumam *chilli* diariamente nas refeições. Aliás, esse marcante sabor se estende aos doces, em alimentos como jujubas e algodão-doce com toque apimentado (Veloso; Lima; Sinohara, 2022).

Outro ponto marcante dessa gastronomia se refere ao uso de molhos, os quais, não raro, são incorporados para equilibrar a picância e a acidez presentes nos pratos mexicanos. A esse respeito, um molho simples e muito conhecido é o *pico de gallo*, ou *salsa* de tomate, que leva apenas quatro ingredientes: tomates, cebola branca, pimenta fresca e coentro; depois, são adicionados à mistura azeite e vinagre (Holland, 2015).

Entre as preparações mexicanas mais famosas está o internacionalmente conhecido *guacamole*. Trata-se de uma receita de origem asteca que leva abacate, cebola roxa cortada em pequenos pedaços, tomate finamente picado, pimenta e suco de limão (Holland, 2015). Esse creme pode ser espalhado em tortilhas e *nachos*; curiosamente, pode ser consumido no café da manhã (Holland, 2015).

O sabor doce dos pratos tradicionais do México é herança dos primeiros povos que habitaram o local, os quais utilizavam o mel para adoçar bebidas (Veloso; Lima; Sinohara, 2022).

Um dos doces apropriados dos colonizadores europeus e que se tornou predominante na gastronomia mexicana é a *cajeta*, doce de leite tradicionalmente feito de uma mistura à base de leite de vaca com leite de cabra e baunilha (Veloso; Lima; Sinohara, 2022). Essa preparação, no entanto, ganhou uma variação local denominada *obleas*, a qual pode ser aproveitada e consumida como um recheio entre duas hóstias, como se fosse uma bolacha (Veloso; Lima; Sinohara, 2022).

Por fim, com relação às especiarias mais comuns na gastronomia mexicana, destacam-se o cravo, a canela, o cominho e o anis-estrelado, por serem as que mais harmonizam com os ingredientes nativos (Holland, 2015).

Receitas típicas

Guacamole

Rendimento: 4 porções

Ingredientes

- 1 cebola roxa pequena e bem picada
- 25 a 35 g de coentro picado
- 3 pimentas-verdes sem sementes bem picadas
- Sal marinho
- 3 a 4 abacates maduros
- Suco de 1 ou 2 limões
- 2 tomates maduros sem sementes e picados
- *Chips* de tortilha para guarnecer

Modo de preparo

Triture metade da cebola, quase todo o coentro, as pimentas e o sal marinho em um pilão até formar uma pasta rústica. Em uma tigela, amasse o abacate com um garfo. Junte a mistura de cebola, coentro e pimenta e adicione suco de limão a gosto. Ajuste o sal. Incorpore o restante da cebola e os tomates picados, mas sem bater demais, para que os tomates não desmanchem e o abacate não fique líquido. Coloque a mistura em uma travessa e espalhe farelos de *chips* de tortilha e o restante do coentro por cima. Sirva com tortilhas à parte.

Salsa de tomate

Rendimento: 2 a 4 porções

Ingredientes
- 4 tomates maduros cortados em cubinhos
- ½ cebola roxa bem picada
- 50 g de pimenta *jalapeño* picada
- 20 g de coentro picado
- Azeite extravirgem
- Suco de 2 limões
- Sal marinho e pimenta-do-reino moída na hora

Modo de preparo
Misture todos os ingredientes em uma tigela e tempere a gosto. Salpique com coentro picado e decore com *chips* de tortilha ao redor da borda da tigela.

> **Dica**: além dos *chips* de tortilha, sirva esta *salsa* picante com guacamole.

2.2 Cozinha peruana

Antes de os primeiros espanhóis chegarem ao território que hoje é o Peru, eram os incas que habitavam a região. Sua alimentação era basicamente composta de milho, pimentas e feijões (Holland, 2015). Os incas eram um povo de cozinha simples, na qual eram utilizados principalmente tubérculos e raízes.

Com os europeus, vieram africanos escravizados, e mais tarde, com a abolição da escravatura, também os asiáticos, que introduziram parte de seus hábitos gastronômicos na cultura peruana (Rocha, 2019).

Em razão do grande fluxo de miscigenação decorrente da imigração de espanhóis e africanos, bem como das comunidades chinesas e japonesas, o Peru é atualmente um país de cultura gastronômica diversificada, detentor de uma cozinha exclusiva e única (Holland, 2015).

Entre os pratos de influência chinesa, figuram o arroz acompanhado de molho *shoyu* encontrado no *lomo saltado*. Já os japoneses introduziram a cozinha *nikkei*, que combina ingredientes das culinárias peruana e japonesa e que ainda perdura em receitas como o *ceviche* (Rocha, 2019).

Contudo, a miscigenação de povos não é a única razão para a região andina contar com uma grande variedade de técnicas e mistura de sabores (Holland, 2015). Fatores geográficos e climáticos (microclimas) também influenciaram enormemente a criação de diversas técnicas de preparo e de cultivo que ainda hoje são mantidas (Rocha, 2019).

Ingredientes típicos, pratos tradicionais regionais e principais técnicas de preparo

Com relação ao consumo de carne, as preferidas dos peruanos são as de aves; se consome também a carne de lhama, que é pouco gordurosa. Da criação de cabras, aproveita-se o leite. Já a carne suína está presente em uma infinidade de pratos (Pazmiño, 2013).

Quanto às receitas que levam peixes e frutos do mar, o *ceviche* é um dos mais conhecidos. Considerado um patrimônio cultural do Peru, apresenta quatro variações de nome: *cebiche, ceviche, cerviche* ou *seviche* (MacVeigh, 2009). Os incas já tinham o costume de fatiar o peixe cru em cubos pequenos, mariná-los com *tumbo* e malagueta e consumi-los (Rocha, 2019).

Antigamente, os peruanos preparavam os *chupes* (sopas) e as *carapulcras*, que eram cozidos crus, marinando-os com especiarias, pimenta e ervas (Usil, 2017). Com a adoção da mesma técnica, o *ceviche* é essencialmente feito de peixe cru marinado em suco de limão, lima, laranja-azeda ou outro fruto cítrico, mas para que fique gostoso, é necessário respeitar algumas regras. Por exemplo, o pescado usado deve ser branco, com pouca gordura e músculo vermelho, e de carne firme – as carnes de camarão, lagosta e polvo cumprem os requisitos para o sucesso da receita. Ainda, quando preparado no país, a presença de ingredientes como a cebola e o piri-piri (pimenta) é indiscutível; e, por fim, o suco denominado *leche de tigre*, produzido com o peixe marinado na lima e outros ingredientes, confere sabor especial à receita. Além disso, ingredientes como abacate, milho e batata-doce são considerados adicionais, mas sua presença é necessária a fim de conferir "consistência" ao prato. Para temperar, o coentro e a salsa são essenciais (MacVeigh, 2009). O *ceviche* ilustra a influência das comunidades japonesas na culinária andina (Holland, 2015).

Ademais, apesar de pouco conhecida, existe uma variação contemporânea na qual a cebola não é utilizada: o *tiradito*. Semelhante ao *sashimi*, a receita consiste em finas fatias de peixe guarnecidas com ingredientes de origem peruana, a exemplo do milho branco (Holland, 2015).

Conforme aludimos, raízes e tubérculos são a base da alimentação peruana e constituem uma das principais fontes de sustento do país; aliás, eram consumidos pelos primeiros grupos humanos que povoaram as terras locais (Rocha, 2019).

Os tubérculos podem ser consumidos assados, cozidos ou até mesmo desidratados (Rocha, 2019). Um prato típico da culinária andina e bastante popular nacionalmente é a *causa*, feita com purê de batatas com limão e *ajies* peruanos (pimenta peruana amarela) (MacVeigh, 2009). A receita é montada em uma forma, na qual camadas de batata são intercaladas com um recheio de caranguejo, maionese, tomate, abacate (Holland, 2015).

Quanto aos demais tubérculos, a mandioca costuma ser ingerida frita ou na forma de pão, o *pan de yucca* – um pão macio e úmido; por sua vez, a abóbora e a batata-doce são utilizadas na produção de doces com calda açucarada e uma leve adição de raspas de laranja: os *picarones* (Holland, 2015).

Outro alimento muito característico do Peru é o milho, que apresenta grande diversidade no país. O alimento costuma ser consumido grelhado ou frito (Rocha, 2019). Também muito presente na gastronomia local, a quinoa é um grão pequeno, nutritivo e muito versátil, razão pela qual é utilizado em larga escala na culinária peruana (Holland, 2015).

Semelhante aos grãos de milho, ela pode ser transformada em farinha e dar origem a bolachas e pães, ou ser incorporada a sopas, ensopados e sobremesas (Pazmiño, 2013).

Um dos ingredientes de origem andina mais disseminados pelo mundo, a pimenta amarela – ou *aji amarillo*, de sabor exótico e picante – é a mais usada na gastronomia do país (Pazmiño, 2013), tanto que é aplicada em quase todas as receitas tradicionais peruanas, como o *ceviche* e o *rocoto relleno*, no qual serve de ingrediente para um pastel feito de batatas que acompanha carne de vaca com queijo (Rocha, 2019).

Ainda, a pimenta-malagueta, também de sabor exótico e picante, é marcante na gastronomia andina, sendo valorizada localmente desde os primórdios da civilização peruana (Rocha, 2019).

Por fim, citamos a *salsa criolla*, semelhante a um vinagrete e que consiste de finas fatias de cebola roxa marinadas em azeite, limão, pimenta peruana, coentro, sal e pimenta-do-reino (Holland, 2015).

Receitas típicas

Ceviche

Ingredientes
- 500 g de filés de pescado branco (robalo, linguado ou pargo) sem pele
- Sal grosso

- Um punhado de camarões crus sem casca, carne de lagosta crua, vieiras cruas sem coral (opcional)
- 250 mL de suco de limão coado (aproximadamente 15 limões)
- 1 dente de alho bem picado
- Um pedaço (1 cm) de gengibre bem picado
- 25 g de coentro picado
- 2 cebolas roxas pequenas cortadas ao meio e em fatias finas
- 1 pimentão amarelo (ou verde) sem sementes, picado

Para guarnecer (opcional)
- 1 abacate maduro e firme, picado
- 2 tomates ao meio sem sementes e picados
- Milho-verde fresco cortado de uma espiga

Modo de preparo

Coloque os filés de peixe no *freezer* por 20 minutos (isso serve para facilitar o corte preciso). Em seguida, retire e corte em cubos de 2 cm. Tempere bem com sal grosso, junte os frutos do mar escolhidos, e reserve. Se preferir, deixe a cebola de molho na água fria por alguns minutos, para amenizar o sabor. Misture o suco de limão com o alho, o gengibre e metade do coentro. Coe a mistura sobre o peixe, garantindo que todo ele seja embebido. Leve à geladeira por uma hora, para "cozinhar" o peixe cru. Na hora de comer, prepare uma base de cebola no prato, retire o peixe da marinada e coloque sobre ela. Regue com metade do líquido da marinada e salpique com o pimentão e o restante do coentro, pouco antes de servir. Por fim, junte os demais ingredientes que queira usar.

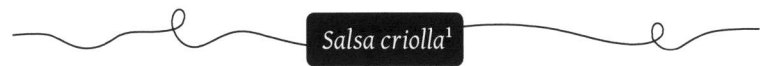

Salsa criolla[1]

Rendimento: 6 a 8 porções

Ingredientes

- 3 cebolas roxas pequenas cortadas ao meio e em fatias finas
- 2 pimentas moderadas (como *aji amarillo* ou *jalapeño*) sem sementes e bem picadas
- 15 g de coentro picado
- 15 g de salsinha picada
- Suco de 2 limões
- 1 colher (sopa) de vinagre de vinho tinto
- 3 colheres (sopa) de azeite de oliva
- Sal marinho e pimenta-do-reino moída na hora

Obs.: tradicionalmente, usa-se a pimenta amarela, mas ela pode ser substituída pela pimenta *jalapeño* fresca.

---

1   Receita retirada de Holland (2015).

Modo de preparo
Misture todos os ingredientes em uma tigela. Leve à geladeira por pelo menos meia hora antes de servir.

2.3 Cozinha chilena

A extensão de terra que constitui o território do Chile varia entre climas quentes (norte) e congelantes (sul) (Nenes, 2009b). Como os Andes são muito íngremes, a região mais ao sul não é tão cultivada como o norte. Em razão disso, em locais situados nessa porção do país, existe certa dependência de produtos provenientes de clima temperado e advindos do mar (MacVeigh, 2009).

A chegada dos espanhóis, há mais de 500 anos, deu início a um movimento de fusão de conhecimentos gastronômicos que resultou na cozinha chilena dos dias atuais (Marín, 2010). A introdução, na gastronomia, de animais domésticos como suínos, ovinos, bovinos, caprinos e aves pelos europeus estimulou as preparações com carne no país. Ainda, com a inclusão de trigo, legumes e ervas aromáticas, além de outros diversos condimentos, os sabores e as possibilidades de receita foram multiplicadas (Marín, 2010).

Além dos espanhóis, a entrada de imigrantes alemães pelo sul também exerceu grande influência na gastronomia do país, e os pratos oriundos dessa relação são disseminados mundialmente até hoje (Nenes, 2009b).

Ingredientes típicos, pratos tradicionais regionais e principais técnicas de preparo
O Chile é um intenso produtor de frutas, como maçã, abacate, pêssego, nectarina, *kiwi*, ameixa, pera, mirtilo e cereja, bem como de vegetais, a exemplo de alho, aspargos e cebola (Nenes, 2009a).

No que diz respeito às proteínas da alimentação, é grande a variedade de frutos do mar consumidos. Ingredientes comuns na porção costeira do país incluem congros, ouriços-do-mar, mexilhões, ostras, abalones, enguias, vieiras, pregados, caranguejos-rei e algumas algas (MacVeigh, 2009). O amplo fluxo marítimo da corrente de Humboldt, que banha as costas chilenas de norte a sul, favorece a presença abundante e variada de frutos do mar, o que permite desenvolver e dinamizar a arte culinária. Todos os produtos vindos do mar são iguarias preciosas para os nativos, em virtude do sabor e da consistência extraordinários (Marín, 2010). Não por acaso, são os ingredientes mais versáteis de toda a cozinha chilena, uma vez que aceitam todos os tipos de técnicas de preparo: ensopados, *ceviches*, escabeches, ou lanches com batata, milho, abóbora e outros vegetais (Nenes, 2009b).

Ademais, é ampla a variedade de pratos à base de carne de cordeiro, como costelas e espetinhos (Nenes, 2009b). A carne de porquinho-da-índia também é muito apreciada na região andina, assim como a carne de lhama, que pode ser seca e utilizada para a produção de charque (MacVeigh, 2009).

Na região da Cordilheira dos Andes, a base alimentar inclui mais grãos, como aveia, trigo e quinoa, e o milho. Algumas das receitas locais mais comuns são o *chupe* – sopa de peixe – e as empanadas, que consistem em pastéis recheados de carne, cebola, pimenta-malagueta, cominho, azeitonas e ovo cozido, sendo uma das receitas mais emblemáticas da gastronomia chilena (Marín, 2010).

Uma receita característica do Chile é a *cazuela*, sopa que pode ser feita de batata, milho e carne (pode-se substituir a proteína por outra) (MacVeigh, 2009). Sua variação mais tradicional é a *cazuela* de ave, um ensopado grosso de frango, batata, arroz, salada verde e pimentões (Nenes, 2009b).

A *humita* é outro prato tradicional chileno, feito de milho fresco ralado misturado com uma pasta de cebola frita, manjericão, sal e pimenta e, depois, cozido em um embrulho de palha de milho (Nenes, 2009b) – semelhante à pamonha brasileira.

A respeito das sobremesas e dos doces, o mais conhecido é o *alfajor*, que consiste em um recheio de doce de leite prensado entre duas bolachas finas e coberto por açúcar. Também, a macedônia é notória entre a população local e leva frutas cortadas em cubos e uma cobertura de calda de frutas. Ainda, de influência alemã, a *kuchen* é um doce composto de frutas frescas como framboesas e damascos (Nenes, 2009b).

Com relação aos condimentos, a pimenta é frequentemente usada em molhos ou adicionada a sopas e ensopados, por possuir um componente aromatizante muito apreciado na culinária chilena (MacVeigh, 2009).

Receitas típicas

Empanadas de pino tradicionais

Ingredientes

Massa
- 4 xícaras (chá) de farinha de trigo
- 1 colher (chá) de sal
- ½ xícara (chá) de manteiga sem sal, gelada e cortada em cubos
- 1 xícara (chá) de água morna

Recheio
- 1 colher (sopa) de óleo vegetal
- 1 cebola picada
- 2 dentes de alho picados
- 1 kg de carne picada em cubos
- 1 colher (chá) de cominho em pó
- 1 colher (chá) de páprica
- ½ colher (chá) de orégano seco
- ¼ xícara (chá) de passas
- ¼ xícara (chá) de azeitonas pretas sem caroço e fatiadas
- 2 ovos cozidos picados
- Sal e pimenta a gosto

Montagem e cozimento
- 1 ovo batido
- Óleo para fritar

Modo de preparo

Em uma tigela grande, misture a farinha e o sal. Adicione a manteiga gelada e misture com os dedos ou com um cortador de massa até obter uma farofa grossa. Aos poucos, acrescente a água morna, mexendo até formar uma massa. Sove a massa sobre uma superfície levemente enfarinhada até que fique lisa e elástica. Cubra com um pano de prato limpo e deixe descansar por 30 minutos. Enquanto isso, prepare o recheio. Para isso, aqueça o óleo vegetal em uma frigideira em fogo médio. Adicione a cebola e o alho picados e refogue até ficar macio e translúcido. Acrescente a carne moída e cozinhe até dourar. Depois, acrescente o cominho moído, a páprica, o orégano seco, as passas, as azeitonas pretas e os ovos cozidos picados. Tempere com sal e pimenta a gosto. Cozinhe por mais alguns minutos até que os sabores se misturem. Retire do fogo e deixe o recheio esfriar. Pré-aqueça o forno a 190 °C. Forre uma assadeira com papel-manteiga. Em uma superfície levemente enfarinhada, abra a massa com uma espessura de cerca de 3 mm. Faça discos de 12 a 15 cm de diâmetro usando um cortador redondo ou um prato pequeno. Coloque uma colher de sopa generosa do recheio em metade de cada círculo de massa, deixando livres as bordas. Dobre a outra metade da massa sobre o recheio, formando uma meia-lua. Pressione as bordas com um garfo para selar. Coloque as empanadas montadas na assadeira preparada. Pincele a parte superior com ovo batido. Asse no forno pré-aquecido por cerca de 20 a 25 minutos ou até que as empanadas estejam douradas e crocantes. Enquanto elas assam, aqueça o óleo em uma frigideira funda ou panela para fritar. Depois de assar as empanadas, transfira-as com cuidado para o óleo bem quente e frite por alguns minutos de cada lado, até dourarem e adquirirem crocância. Retire do óleo e disponha em um prato forrado com papel-toalha para escorrer o excesso de óleo. Sirva as empanadas de pino quentes como um delicioso lanche ou prato principal.

Obs.: tradicionalmente, elas são apreciados com *pebre*, um molho picante chileno feito com tomate, cebola, coentro e pimenta-malagueta.

Humitas

Ingredientes

- 6 espigas grandes de milho fresco
- ½ xícara (chá) de cebola bem picada
- 2 colheres (sopa) de óleo vegetal
- ½ xícara (chá) de fubá (farinha de milho fina)
- ½ xícara (chá) de leite
- 2 colheres (sopa) de manteiga derretida
- ½ colher (chá) de páprica
- ½ colher (chá) de cominho em pó
- Sal a gosto
- Cascas de milho demolhadas em água por cerca de 30 minutos

Modo de preparo

Retire as cascas das espigas de milho e separe-as com cuidado, mantendo-as intactas, e reserve algumas delas para amarrar as *humitas*. Rale os grãos de milho das espigas usando um ralador ou processador de alimentos e reserve-as. Em uma frigideira, aqueça o óleo vegetal em fogo médio. Adicione a cebola e refogue até ficar macia e translúcida. Depois, em uma tigela grande, misture o milho ralado, a cebola salteada, o fubá, o leite, a manteiga derretida, a páprica, o cominho em pó e o sal. Misture bem até que todos os ingredientes estejam incorporados uniformemente.

No centro de uma palha de milho, coloque cerca de 2 colheres (sopa) da mistura de milho e dobre as laterais da casca em direção ao centro, envolvendo o recheio, e na sequência dobre a extremidade inferior por cima. Amarre a *humita* com uma tira de casca de milho embebida para prendê-la. Repita esse processo com as cascas restantes. Em uma panela grande, adicione água e deixe ferver. Coloque uma cesta para cozimento a vapor ou uma peneira na panela, evitando que ela toque na água. Disponha as *humitas* amarradas na cesta para cozimento a vapor, tampe a panela e cozinhe no vapor de 45 minutos a 1 hora, ou até que as *humitas* estejam firmes e cozidas. Retire-as da panela e deixe que esfriem um pouco antes de servir. Saboreie-as quentes ou em temperatura ambiente.

2.4 Cozinha argentina

A Argentina é o segundo maior país da América do Sul e faz fronteiras com Chile, Bolívia, Paraguai, Brasil, Uruguai e o Oceano Atlântico.

A influência de seus povos indígenas combinada com os costumes dos europeus que chegaram mais tarde fizeram da culinária argentina uma das mais diversas do mundo (Cartin, 2017).

Das tradições italianas, por exemplo, absorveu-se a lasanha, a *pizza*, o macarrão e o ravióli. Estes pratos são comumente encontrados na mesa argentina, ao menos nas principais cidades do país (Nenes, 2009b).

Seu amplo território de planícies, conhecidas como Pampas, também influencia a gastronomia local. Essas ricas e imensas pastagens servem de alimento para grandes rebanhos de gado, tornando a Argentina a capital mundial da carne bovina (Nenes, 2009a).

No geral, a cultura gastronômica da Argentina além de ter captado algumas características dos italianos, carrega influências dos britânicos e alemães (Cartin, 2017).

Ingredientes típicos, pratos tradicionais regionais e principais técnicas de preparo
A cultura alimentar na Argentina varia conforme a localidade. As regiões Centro e Pampeana, que incluem Buenos Aires e La Pampa, bem como algumas áreas de Santa Fé e Córdoba, são áreas dominadas pelo tradicional churrasco argentino, além da presença de *pizzas* e massas (Lancio, 2014). A massa das *pizzas* argentinas costuma ser feita de farinha de grão-de-bico e apresenta crosta dupla; o recheio é bastante variado

(Cartin, 2017). Já como exemplo de massas, podemos citar o *sorrentino*, que basicamente são raviólis recheados com presunto e queijo (Cartin, 2017).

Não é por acaso que a Argentina é conhecida por seus churrascos, já que a população local consome, individualmente, quase 45 kg de carne bovina ao ano (Cartin, 2017). A *parrillada*, receita que consiste em um misto de carnes e salsichas variadas, representa muito bem a cultura dos argentinos (MacVeigh, 2009). Também merece menção o matambre, prato nacional feito de bife de flanco fino enrolado com recheios de espinafre, ovos inteiros cozidos, outros vegetais, ervas e especiarias (Nenes, 2009b).

Apesar de o consumo da carne ser bem pronunciado, na região sul do país são abundantes as ofertas de salmão, lula e marisco, em razão da proximidade com o Oceano Atlântico (Cartin, 2017), sendo a truta o peixe mais popular e mais consumido no local, tanto grelhado como frito ou cozido (Holland, 2015). No litoral, na região da Mesopotâmia, há fartura de frutas e de peixes de água doce (Cartin, 2017).

No noroeste – a parte mais antiga do país –, as condições climáticas são extremas, e o cultivo é afetado pela falta de uma boa irrigação dos solos. Por isso, os ensopados e cozidos são recorrentes. Um exemplo é o *locro*, provavelmente o ensopado argentino mais conhecido, que consiste em um cozido à base de carne, *bacon*, linguiça, abóbora, milho e cereais (Lancio, 2014). Trata-se de uma refeição saudável e completa, feita com ingredientes locais e preparada em uma só panela (Holland, 2015).

Tradicional do Paraguai e do norte da Argentina, a sopa paraguaia combina queijo *cottage* e outros queijos, grãos frescos de milho, cebola salteada e ovo em uma massa rica e úmida (Cartin, 2017). Além disso, a região da Patagônia proporciona saborosos cordeiros e frutas frescas, mas sua fama advém principalmente de seus peixes e mariscos (Lancio, 2014).

As empanadas (os "pastéis argentinos") são muito importantes para o país. De reputação internacional, são tidas como as verdadeiras joias da cozinha argentina (Zanoni; Stivelmaher, 2014). Basicamente, são pastéis assados (também podem ser fritos) que podem receber vários recheios, entre os quais se destaca o de carne moída temperada com cominho e cebola e incrementada com azeitonas verdes, ovo cozido picado e uvas-passas. Outros recheios são queijo, fiambre, frango, atum ou espinafre (Nenes, 2009a). É possível substituir o recheio salgado por frutas ou outras preparações adocicadas. A receita dos famosos pastéis argentinos varia a depender da região, sendo Tucumán a província conhecida por produzir as melhores empanadas (Zanoni; Stivelmaher, 2014).

Também típicas da Argentina são as tortilhas, amplamente consumidas no país. No entanto, são feitas de massa de batata, diferentemente daquelas mexicanas produzidas com milho ou farinha (Nenes, 2009b).

Ainda, algumas preparações italianas apresentam versões argentinas, a exemplo da *pizza fugazza*, a favorita da população local. Sua cobertura consiste em cebolas brancas grelhadas, muçarela e parmesão (Holland, 2015).

Quanto às sobremesas, as mais emblemáticas são a empanada recheada de doce de frutas (Nenes, 2009a) e *o helado*, sorvete com sabor de doce de leite – o doce argentino mais característico e recorrente nas receitas tradicionais (Holland, 2015). Independentemente da escolha de sobremesa, ela provavelmente será preparada com doce de leite (Cartin, 2017).

Por fim, acerca dos condimentos e molhos, na culinária clássica, eles são principalmente utilizados para guarnecer carnes, especialmente o molho *chimichurri*, que consiste em uma fusão entre a *salsa* mexicana e o vinagrete italiano (Nenes, 2009b). Composto de azeite de oliva, orégano e salsinha frescos, assim como alho e pimenta, esse molho ainda pode receber molho de tomate (o que é muito comum em Buenos Aires). Em algumas regiões montanhosas, como Mendoza, adiciona-se tomilho ou alecrim ao *chimichurri*. Já a *salsa criolla*, outra receita típica, leva apenas cebola, tomates, pimentas e azeite (Holland, 2015).

Receitas típicas

Fraldinha grelhada com *chimichurri*, alho e tomate

Natalia Lisovskaya/Shutterstock

Rendimento: 6 porções

Ingredientes

Chimichurri

- 6 dentes de alho bem picados
- 40 g de salsinha bem picada
- 15 g de orégano fresco bem picado
- 4 talos de cebolinha picados
- ½ colher (chá) de pimenta-calabresa
- 1 colher (chá) de páprica
- suco de 2 limões-sicilianos

- 50 mL de vinagre balsâmico
- 30 mL de azeite extravirgem
- Sal marinho e pimenta-do-reino moída na hora

Bifes
- 6 tomates cortados ao meio
- 3 dentes de alho bem picados
- 50 mL de azeite extravirgem
- 3 filés de fraldinha aparados (cerca de 400 g cada)

Modo de preparo

Misture bem todos os ingredientes, exceto o azeite, e deixe descansar por 1 hora em temperatura ambiente. Depois desse tempo, incorpore o azeite e tempere com sal marinho e pimenta moída na hora. Misture novamente e reserve, em temperatura ambiente, para infundir os sabores.

 Em uma tigela, tempere os tomates com alho e azeite suficientes para distribuir por igual. Tempere com sal e pimenta moída na hora e deixe descansar até o dia seguinte. Retire a carne da geladeira e espere por 1 ou 2 horas, até atingir a temperatura ambiente. Não tempere a carne antes, pois é melhor fazer isso durante o cozimento. Se optar por uma churrasqueira, acenda o fogo com 20 minutos de antecedência, ou então pré-aqueça uma chapa em fogo de médio a alto. Comece grelhando os tomates, por 6 a 8 minutos, até que fiquem com aquelas belas marcas chamuscadas. Em seguida, grelhe a carne colocada no centro da grelha ou chapa por 4 minutos de cada lado, até formar as marcas de grelha – tempere a carne cada vez que virá-la. Quando estiver pronto, cubra com papel-alumínio e deixe descansar por 5 minutos – o processo de cozimento continuará, e a carne atingirá o ponto ideal. Caso prefira a carne malpassada, grelhe apenas por 2 a 3 minutos de cada lado, e para a carne bem passada, por 5 minutos. Para finalizar, fatie a carne em tiras diagonais, coloque em uma travessa com os tomates grelhados e regue com bastante *chimichurri*.

Doce de leite

Rendimento: 1,5 L

Ingredientes

- 1,2 kg de açúcar refinado
- 4 L de leite integral
- 1 baga de baunilha dividida ao meio no comprimento
- 1 colher (chá) de bicarbonato de sódio

Modo de preparo

Aqueça uma panela de fundo grosso por alguns minutos em fogo médio. Junte 50 a 100 g de açúcar (com 100 g, o resultado é um belo tom dourado-escuro, cor de café com leite). Deixe derreter, mexendo bem, até o açúcar caramelizar e ficar dourado. Junte o leite com cuidado (pois pode espirrar) e o restante do açúcar, a baunilha e o bicarbonato de sódio – o líquido vai adquirir um tom bege. Deixe apurar, mexendo de vez em quando, por aproximadamente 1 hora e 30 minutos. Mexa a panela sempre, e quando começar a borbulhar, teste para checar o ponto colocando algumas gotas sobre um prato e observando se escorrem ou se estão consistentes; outra opção, se disponível, é utilizar um termômetro culinário. Aguarde a amostra esfriar um pouco antes de testá-la. O doce estará no ponto quando adquirir consistência ou caso tenha atingido 107 °C. Coloque um refratário médio sobre outro recipiente cheio de gelo picado e um pouco de água. Quando o doce de leite chegar à consistência desejada (dourado e cremoso), despeje no recipiente preparado para esfriar. Conserve-o tampado, em um pote de vidro ou plástico, em temperatura ambiente ou na geladeira. Ele pode durar vários meses.

2.5 Cozinha estadunidense

Os fundamentos da culinária estadunidense advêm de países da Europa, Ásia, África, os quais contribuíram grandemente para o desenvolvimento das cozinhas regionais tais quais as conhecemos atualmente (Nenes, 2009a). Por isso, a cozinha estadunidense mescla habilidades culinárias de imigrantes e povos escravizados com os ingredientes disponíveis no território (Nenes, 2009a).

No início da civilização estadunidense, a dieta dos nativos incluía carnes e frutos do mar cozidos em fogo aberto – por muitos considerado o churrasco original. Além disso, ensopados de caça, batata-doce, abóbora e milho eram preparações básicas (Nenes, 2009a).

As principais influências vieram dos nativos americanos, britânicos, franceses, alemães e, em menor grau, espanhóis (Haff, 2011). A contribuição espanhola se deu principalmente nas partes central e sul do país e pode ser representada especialmente pela utilização do trigo (Haff, 2011). Por sua vez, os colonos ingleses incluíram alguns utensílios básicos, como chaleiras ou caldeirões, tigelas e panelas cobertas para assar no forno, assim como certas tradições alimentares, a exemplo da criação de porcos alimentados com nozes.

Em virtude da miscigenação que constitui a culinária estadunidense, há quem pense que ela sequer existe, já que, ao contrário do que ocorre com outras nações, não existe um claro dossiê gastronômico local, e as receitas que costumam caracterizar os Estados Unidos são fruto de puro ecletismo e experimentação (Freedman, 2019).

No entanto, essa cozinha com gostos bem definidos e consistentes – quer tenhamos consciência deles ou não – exprime o internacionalismo do país. Por exemplo, é possível encontrar influências da imigração alemã, na Pensilvânia, e mexicana, na Califórnia (Freedman, 2019).

Logo, a culinária estadunidense é uma paisagem gastronômica repleta de empreendedores criativos, consumidores sobrecarregados, reformadores bem-intencionados e elites culinárias concorrentes, composta de uma variedade de ingredientes, sabores diversos, pratos únicos, modos de preparo constantemente aperfeiçoados, métodos de distribuição em expansão e, ainda, formas incomuns pelas quais a população local se alimenta. Além desses aspectos, processos subjacentes ao desenvolvimento do país e tendências gerais como urbanização, industrialização, suburbanização e globalização contribuíram para estabelecer os atuais padrões alimentares dos estadunidenses (Smith, 2007).

Durante grande parte da história dos Estados Unidos, a culinária do país ficava restrita nas diferentes regiões geográficas e culturais. Contudo, por volta de 1880, receitas anteriormente regionais, como o *chilli*, tornaram-se nacionais; outros, como o *gumbo*, do sul, e os *jonnycakes*, de Rhode Island, foram extintos (Freedman, 2019).

À medida que o país amadurecia, as inovações tecnológicas na área da gastronomia favoreceram a ruptura das regiões culinárias e contribuíram para a padronização dos alimentos. Todavia, a variedade, isto é, a proliferação de produtos de supermercado e opções de restaurantes, dificultou o estabelecimento de pratos canônicos (Freedman, 2019).

Por conta de aspectos como esse, acreditamos que vale a pena explorar como os habitantes das diferentes regiões estadunidenses desenvolveram ingredientes e receitas características e de que modo estes foram suplantados por um sistema alimentar nacional.

Apesar do progresso da homogeneização, a memória (se não a realidade) do regionalismo se manteve viva (Freedman, 2019). Diferentemente de algumas outras cozinhas estudadas, nos Estados Unidos não há preparação culinária de acordo com a disponibilidade ou a sazonalidade de insumos. Isso se explica pelos intensos avanços da tecnologia, que possibilitaram aos compradores de alimentos não mais depender das estações do ano, uma vez que as condições regionais deixaram de ser importantes.

Ingredientes típicos, pratos tradicionais regionais e principais técnicas de preparo

Em geral, as especialidades da gastronomia estadunidense são "churrascos" com frutos do mar, como o mexilhão, bem como preparações de uma só panela, como peito de vaca cozido com legumes. Ainda, a presença do feijão é marcante em várias regiões do país, em purês misturados com queijos e molhos picantes, por exemplo.

A culinária sulista é fruto de uma mistura de influências inglesas, nativas americanas, africanas e, ainda, francesas e espanholas (Nenes, 2009a). Consiste em uma região de micrografia complexa e isolada, na qual se pratica a agricultura de subsistência e cujos ingredientes e métodos aplicados advinham especialmente da África.

Nesse sentido, houve uma reconstrução da dieta dos povos escravizados que antigamente trabalhavam no território, principalmente composta de ingredientes como fubá, quiabo, ervilha, arroz, batata-doce e melaço, todos temperados com pimentão. Quanto às proteínas, apesar de ingeridas em pequenas quantidades, destaca-se a carne de porco, assim como lagostins, tartarugas, peixes e jacarés (Freedman, 2019).

Nas sub-regiões do sul dos Estados Unidos, embora haja uma enorme variedade cultural, alguns elementos básicos são comuns a todas elas, tais como o fubá, o melaço e a carne de porco. Considerando as verduras, na maioria das localidades, os cultivos de couve ou nabo são usuais (Freedman, 2019).

De qualquer forma, a identidade culinária do sul dos Estados Unidos é mais forte e duradoura do que a de outras porções territoriais do país. Isso significa que nomear ingredientes ou preparações de sabor sulista, como grãos e o presunto caipira, bem como biscoitos e churrascos, é mais fácil do que fazê-lo considerando outras localidades (Freedman, 2019).

Preparações como quiabo, tomates fritos, torresmo, torta de batata-doce, bagre, amendoim cozido e a *moon pie* (que consiste em dois biscoitos redondos com recheio de *marshmallow* no centro, mergulhados em uma cobertura saborizada, semelhante ao *alfajor*) estão entre as favoritas dos sulistas e representam bem a individualidade local (Freedman, 2019). Além disso, receitas como a de pudim de banana, pratos como a torta de nozes e o frango frito também têm origem sulista (Freedman, 2019).

O churrasco estadunidense apresenta inúmeras variações de acordo com os estados do país (Freedman, 2019). Na Carolina do Norte e em grande parte do Tennessee, por exemplo, consiste em coxas de porco cozidas por muito tempo (Freedman, 2019), desfiadas e picadas, e que podem ser servidas com um molho à base de vinagre, água, sal e pimenta (Nenes, 2009a). Já em Memphis, o churrasco é uma costelinha esfregada com temperos e servida sem molho (Freedman, 2019), a qual pode ser substituída por paleta de porco defumada (Nenes, 2009a). Por sua vez, no centro-norte do Tennessee e no centro-sul do Kentucky, o churrasco é representado por bifes de porco com molho de pimenta. Já na cidade de Owensboro, em Kentucky, a especialidade local é churrasco de carneiro (Freedman, 2019).

No Texas, em geral, os habitantes preferem peito bovino e salsichas, e seu método de cozimento é através do calor indireto, mas, ainda assim, existem diversos outros estilos de cozinha no estado (Freedman, 2019). E, para finalizar, em Kansas City a tradição se concentra nas carnes bovina e suína (especialmente, costelas), porém, a ênfase está no molho mais grosso, feito à base de tomates e de sabor agridoce, o qual é espalhado nas carnes nas finalizações de algumas receitas (Nenes, 2009a).

Nenhuma outra parte dos Estados Unidos preservou tanto sua cozinha regional quanto o sul, sobretudo o estado de Louisiana, em que coexistem duas tradições culinárias: crioula e a *cajun* (Freedman, 2019). A cozinha crioula é uma mistura das cozinhas espanhola, francesa, negro-americana e nativo-americana (Leal, 1998), e é desenvolvida perto de Nova Orleans. São especialmente marcantes, nessa culinária, as influências francesas, mediante costumes como o uso da manteiga, do creme de leite, do alho e das ervas frescas, além de sopas cremosas e do *roux*, e os diversos ingredientes provenientes de comunidades étnicas do sul (Holland, 2015).

Já a culinária *cajun* corresponde a utilizar os ingredientes disponíveis frequentemente em frituras por imersão e em receitas como o *gumbo*, oriundo da cultura africana. Os *cajuns* também optaram pelo fubá amarelo como base do pão de milho, embora a maioria dos sulistas prefira o pão de milho branco (Zanger, 2001). Ainda, um traço marcante da gastronomia *cajun* são notas mais picantes, com preparações que levam pimentas herdadas dos espanhóis (Freedman, 2019), diferentemente da cozinha crioula, em que o destaque é a culinária amanteigada e rica em molhos (Freedman, 2019).

As duas vertentes culinárias do sul compartilham ingredientes locais com a culinária clássica dos países europeus, e muitos pratos, inclusive, têm nomes semelhantes, embora existam diferenças em termos de estilo e execução das receitas (Holland, 2015). Por exemplo, a comida crioula envolve mais o uso de pão, carnes de corte e sobremesas sofisticadas, ao passo que a *cajun* prioriza as carnes de caça, lagostins, bem como carnes de coelho e de jacaré (Freedman, 2019), que são sempre defumadas ou marinadas e temperadas com pimenta-de-caiena, pimenta-do-reino e páprica (Holland, 2015).

Chamado de *Hoppin' John*, o risoto *cajun* é feito de feijão-fradinho, arroz, cebola e *bacon* (Holland, 2015). Trata-se de um prato consumido no extremo sul, geralmente acompanhado de couve, verduras e pão de milho (Nenes, 2009a). Ainda, como herança dos franceses, na mesma região há receitas como a *andouille*, uma linguiça de porco e arroz, e a linguiça *boudin*, feita com carne e sangue de porco (Holland, 2015). Outros pratos, como o guisado de milho e a carne-seca defumada, também fazem parte da cozinha *cajun* (Haff, 2011).

O arroz *jambalaya*, feito com caldo de carnes, camarão, ostra, linguiça, galinha e presunto (Leal, 1998), é de origem crioula, mas foi adotado pela comunidade *cajun* (Zanger, 2001).

Também, as sopas e os cozidos feitos com carnes e peixes locais são notórios nas culinárias crioula e *cajun* (Holland, 2015). Tais receitas levam o nome de *gumbos* e reúnem um pouco de cada cultura que ajudou a formar a atual gastronomia sulista dos Estados Unidos: a pimenta, fornecida pelos colonos espanhóis; o quiabo, contribuição dos africanos; e o filé em pó, herança dos povos nativos.

O *gumbo* é a essência da diversidade cultural presente no estado de Louisiana, na medida em que combina e equilibra as inúmeras influências étnicas que moldaram a atual culinária do local (Nenes, 2009a). A receita consiste em um caldo básico que leva crustáceos, como camarão, e carnes, como a de frango e linguiças; depois, o caldo é engrossado com o *roux* (Holland, 2015).

A farinha de milho é outro ingrediente de muito sucesso no sul e é usada para transformar simples preparações em pratos deliciosos, como o frango frito, que é característico da população negra nativa da região (Holland, 2015). A galinha é bastante apreciada pelos habitantes em diversas receitas, como a torta de galinha com toucinho e a galinha cozida com quiabo, embora a versão frita seja a mais apreciada (Leal, 1998).

Um dos estados mais populosos do país e com uma culinária relativamente jovem é a Califórnia, cuja base gastronômica é a inovação. Com um clima adequado para o cultivo e a criação de todos os tipos de alimentos, até mesmo nos desertos mais remotos, o território californiano é palco para grandes colheitas. Não por acaso, a culinária local se aproveita dos abundantes recursos naturais da região (Nenes, 2009a).

Por conta da diversidade de insumos frescos, a cozinha da Califórnia é mais branda e se caracteriza pela adição de muitos legumes, verduras e frutas às receitas de salada (Leal, 1998). O estado oferece um estilo de vida saudável aos habitantes, e os alimentos são preparados de modo simples e sem conservantes e gorduras (Nenes, 2009a). Em geral, a culinária californiana deriva de outras, por exemplo, uma mesma receita pode conjugar ingredientes disponíveis e influências de diversas etnias, tornando-se, com efeito, única (Holland, 2015).

Os *chefs* locais utilizam uma mistura criativa de sabores, técnicas e ingredientes de mais de uma região para elaborar receitas que representem as inúmeras culturas que constituem a região (Nenes, 2009a), desde os povos nativos, espanhóis, mexicanos, japoneses, italianos e franceses, até os imigrantes do Oriente Médio (Holland, 2015).

É exemplo dessa culinária híbrida o *cioppino*, ensopado de peixe "italiano", cozido com tomate, vinho e especiarias, e os *California rolls*, *sushis* feitos de abacate, carne de caranguejo e pepino (Nenes, 2009a).

Graças às extensas pastagens do território californiano, o processamento de laticínios fornece muitas possibilidades. Os leites de vaca, cabra e ovelha podem ser encontrados em todo o estado e são muito empregados em largos processos de produção de queijos.

Por fim, quanto aos doces e às sobremesas, a torta de maçã é a mais cultuada entre os estadunidenses. Entretanto, além dela, outra notória receita é a do *brownie*, um típico bolo americano feito à base de chocolate (Leal, 1998).

Receitas típicas

Gumbo de frango

Rendimento: 4 porções

Ingredientes
- 2 colheres (sopa) de pimenta-de-caiena
- 2 colheres (sopa) de tempero típico *cajun*
- 1 colher (sopa) de pimenta-do-reino moída na hora
- 2 pitadas generosas de sal
- 8 pedaços de frango orgânico (coxas e *drumets*) com pele
- 5 colheres (sopa) de óleo vegetal
- 2 colheres cheias (sopa) de farinha de trigo
- 2 cebolas bem picadas
- 2 pimentões verdes sem sementes cortados em tiras
- 4 talos de aipo bem picados
- 1 L de caldo de frango
- 1 folha de louro
- 170 g de quiabos cortados em pedaços de 1 cm
- 200 g de linguiça de porco, vitela ou linguiça defumada fatiada
- Arroz branco para acompanhar

Modo de preparo

Em uma tigela, misture a pimenta-de-caiena, o *mix* de especiarias *cajun*, a pimenta-do-reino e o sal. Esfregue essa mistura no frango, inclusive sob a pele, e deixe marinar por 20 minutos. Em fogo médio, aqueça quatro colheres (sopa) de óleo vegetal em uma panela grande, de fundo grosso, e doure o frango por 4 a 5 minutos. Retire o frango do fogo e reserve, mas deixe a gordura na panela. Diminua o fogo, junte o restante do óleo vegetal e a farinha de trigo e misture, formando uma pasta. Espere cozinhar por alguns minutos, até adquirir cor e formar uma base de *roux* escurecida. Acrescente a cebola, o pimentão e o aipo, tampe a panela e deixe cozinhar por 3 a 4 minutos. Em seguida, adicione o caldo de frango aos poucos, mexendo bem, até obter um molho espesso de coloração caramelo. Junte a folha de louro e os pedaços de frango, tampe a panela, baixe o fogo e deixe cozinhar por 45 minutos. Em seguida, coloque os quiabos e a linguiça defumada, tampe novamente e cozinhe por mais 30 a 45 minutos. A essa altura, a carne do frango deverá começar a soltar do osso. Com o guisado no fogo, retire a folha de louro e, também, a carne dos ossos. Despreze tanto a pele como os ossos e retorne o frango à panela para tornar a aquecer. Sirva salpicado com o *mix* de especiarias *cajun*, acompanhado de arroz branco.

Torta de maçã

Ingredientes

Massa
- 50 g ou ¼ xícara (chá) de manteiga
- 50 g ou ¼ xícara (chá) de banha ou gordura vegetal
- 2 xícaras (chá) de farinha de trigo
- 1 colher (sopa) de açúcar superfino
- 75 mL ou 5 colheres (sopa) de água fria
- 1 ovo levemente batido

Recheio
- 100 g de açúcar superfino
- 2 colheres (sopa) de farinha de trigo
- 1 colher (chá) de canela em pó
- ½ colher (chá) de noz-moscada ralada na hora
- 900 g de maçãs azedas, descascadas, sem caroço e em fatias finas
- 15 g de manteiga

Para servir
- Sorvete de creme

Modo de preparo

Aqueça o forno a 200 °C e, depois, unte e forre uma forma de torta de 23 cm. Coloque uma assadeira no forno para aquecer. Esfregue a manteiga e a banha na farinha e no açúcar até obter uma mistura parecida com um pão ralado. Aos poucos, adicione água fria suficiente para misturar, mexendo sempre até que a massa fique lisa. Em seguida, divida a massa ao meio, embrulhe em filme plástico e leve à geladeira enquanto faz o recheio. Misture o açúcar, a farinha, a canela e a noz-moscada em uma tigela. Adicione as maçãs e misture para que fiquem uniformemente revestidas. Abra o pedaço maior de massa sobre uma superfície levemente enfarinhada e use-o para forrar a forma de torta. Disponha o recheio e salpique com manteiga. Na sequência, abra o segundo pedaço de massa. Umedeça as bordas da torta e coloque o segundo pedaço por cima. Sele, apare e amasse as bordas. Pincele generosamente com ovo batido. Coloque a forma de torta na assadeira quente e leve ao forno por cerca de 55 minutos, ou até que as maçãs estejam macias e a massa fique bem dourada. Sirva quente ou frio com sorvete de creme.

Síntese

Neste capítulo, explicitamos que, na gastronomia internacional, as Américas ocupam lugar central em virtude de sua enorme bagagem cultural e culinária, graças também à influência dos diversos povos que habitaram a região desde seus primórdios. Não por acaso, ao longo de séculos, cada país desenvolveu uma rica e única cultura gastronômica.

Para saber mais

FREIXA, D.; CHAVEZ, G. **Gastronomia no Brasil e no mundo**. São Paulo: Senac SP, 2017. Este livro apresenta a história da gastronomia no mundo, desde os primórdios da humanidade até a idade contemporânea. Os autores abordam não apenas as refeições requintadas, como também a popular "comida do dia a dia", presente em todos os setores da sociedade.

Questões para revisão

1. No México, como se chama o molho de tomate?
2. Em que consiste o *chile en nogada*?
   a) Pimentas recheadas com queijo, empanadas em farinha *panko* e fritas.
   b) Pimentas recheadas com carne, empanadas e fritas.
   c) Pimentas recheadas com carne e fritas.
   d) Pimentas recheadas com carne e queijo, empanadas em farinha *panko* e fritas.
   e) Pimentas recheadas com carne, queijo e ovo, empanadas e fritas.
3. Qual prato do Peru é considerado patrimônio cultural?
   a) *Ceviche*.
   b) *Nachos*.
   c) Tortilhas.
   d) Guacamole.
   e) *Chimichurri*.
4. O que é o matambre?
   a) Bife de *mignon* fino enrolado com recheios de espinafre, ovos cozidos picados, vegetais, ervas e especiarias.
   b) Bife de flanco fino enrolado com recheios de espinafre, ovos cozidos e picados, vegetais, ervas e especiarias.

c) Bife de flanco fino enrolado com recheios de queijo, ovos inteiros cozidos, vegetais, ervas e especiarias.
d) Bife de coxão mole enrolado com recheios de espinafre, ovos inteiros cozidos, e carnes embutidas.
e) Bife de flanco fino enrolado com recheios de espinafre, ovos cozidos e tomates.

5. Na região sul dos Estados Unidos, duas vertentes culinárias se sobressaem, as quais, apesar de muito parecidas, apresentam certas diferenças. Discorra sobre o que há de semelhante e de diferente entre ambas.

Questão para reflexão

1. Reflita sobre as cozinhas *cajun* e crioula e faça uma breve análise dos pratos provenientes do sul das Américas mais disseminados pelo mundo, os quais carregam raízes dessas duas vertentes.

Capítulo 3
Cozinha europeia: culinárias regionais e influências

Conteúdos do capítulo:
- Cozinha portuguesa.
- Cozinha espanhola.
- Cozinha italiana.
- Cozinha alemã.
- Cozinha francesa.

Após o estudo deste capítulo, você será capaz de:
1. descrever as culinárias de alguns países da Europa, bem como as influências recebidas;
2. identificar os ingredientes típicos e os pratos tradicionais regionais;
3. desenvolver as diversas técnicas de preparo das culinárias das regiões estudadas;
4. compreender o cenário gastronômico europeu.

3.1 Cozinha portuguesa

Até o final do século XIX, a culinária portuguesa era bastante desprezada (Loureiro, 2021). Esse cenário decorria do fato de que a Corte e a alta burguesia valorizavam apenas cozinhas estrangeiras, como a francesa e a italiana (Loureiro, 2021), vistas como sofisticadas e, por isso, bastante presentes nas refeições diárias dos membros da elite (Loureiro, 2021), que tinham o objetivo de universalizar e importar os alimentos – ou seja, não havia espaço para a gastronomia local (Guerreiro, 2018).

A cozinha portuguesa só conquistou seu lugar após uma série de eventos que subsidiaram sua construção (Loureiro, 2021). Foi durante o contexto político do Estado Novo, que promoveu melhores condições de vida, o desenvolvimento da comunicação e da locomoção e o fomento a práticas de turismo e lazer (Guerreiro, 2018), que também surgiu o interesse por valorizar os costumes locais (Braga, 2014). Assim, as receitas, antes produzidas por conta de um contexto social e econômico específico, começaram a fazer cada vez mais sentido, tanto do ponto de vista de valorização da cultura local quanto da utilização dos recursos econômicos disponíveis (Braga, 2014).

Nas décadas seguintes, com o auxílio do governo, foram criados os primeiros livros de receitas locais, os quais contribuíram para sedimentar o processo de afirmação e registro identitários das culinárias nacional e regional (Loureiro, 2021), concretizando, assim, a cozinha tradicional portuguesa (Loureiro, 2021).

Ingredientes típicos, pratos tradicionais regionais e principais técnicas de preparo

A gastronomia de Portugal é considerada hortícola, farta em verduras, legumes e ervas (Valagão, 2017), itens obrigatórios para os portugueses, que prezam por uma alimentação saudável (Loureiro, 2021) –, além de pães de vários tipos, que sempre fizeram parte da mesa dos portugueses (Holland, 2015).

Os portugueses consomem carnes de todos os tipos, geralmente acompanhados dos vinhos da região. A carne de porco, que é farta no país, proporciona várias possibilidades de preparação, como em cozidos, feijoadas, guisados e assados (Holland, 2015), e pode ser ingerida de diferentes formas: fresca, em conserva, salgada ou defumada (Loureiro, 2021).

Na culinária lusitana, também são importantes as carnes oriundas da vasta extensão territorial do país banhada pelo mar, assim como peixes e frutos do mar, que podem ser consumidos apenas grelhados ou fritos, ou, ainda, servir de ingredientes em receitas mais elaboradas, como os cozidos (Loureiro, 2021).

Existem muitos cozidos na cozinha portuguesa. Um deles é o cataplana, cozido que leva chouriço, camarão, vieiras e mariscos, preparado em um recipiente de alumínio e cobre. Esse método de cozimento intensifica os sabores e deixa todos os ingredientes bem macios (Holland, 2015). Além dele, o cozido à portuguesa, composto de carnes de boi e de frango, linguiça de alho, chouriço e tubérculos como batatas, nabos e cenouras, também é uma clássica receita (Holland, 2015).

O icônico azeite guarda presença marcante na gastronomia de Portugal e é conhecido e apreciado em todo o mundo (Loureiro, 2021).

Também relevante na atual cozinha portuguesa é o bacalhau – antigamente vinculado às classes menos favorecidas (Braga, 2014; Loureiro, 2021). Embora não seja nativo dos mares portugueses, mas proveniente do Atlântico Norte, essa espécie de peixe faz parte de várias preparações lusas, tais como bolinho de bacalhau, bacalhau à Minhota e, o mais conhecido, bacalhau à Gomes de Sá, o qual pode ser feito com outras variedades de peixe, como pescado branco, Saithe e badejo (Holland, 2015).

No entanto, para ser utilizado, o bacalhau precisa passar por um pré-preparo que consiste em retirar suas vísceras, salgá-lo e, por fim, desidratá-lo. Esse processo cria uma crosta no peixe, a qual possibilita que seja conservado por até dois anos. Posteriormente, na preparação de receitas, ele deve ser dessalgado e reidratado (Holland, 2015).

Fundamental na cozinha tradicional portuguesa, o arroz é outro ingrediente/alimento que sempre fez parte do dia a dia das classes mais pobres e, com o passar do tempo, adquiriu importância como acompanhamento indispensável para inúmeras receitas (Loureiro, 2021). O arroz de cabidela e o arroz de sarrabulho são dois exemplos de preparações nas quais o arroz é incorporado – cozido em sangue animal, uma iguaria (Holland, 2015).

O gaspacho (ou *caspacho*), prato fresco vinculado às classes mais pobres e rurais e que atualmente consiste em uma iguaria replicada por muitos, é um caldo frio no qual são triturados alhos e tomates que, depois, são acrescidos de azeite, vinagre, orégano, tomates e pepinos em cubos, tornando-se uma sopa que deve ser conservada em geladeira. Recomenda-se que seja servido acompanhado de pão fatiado em cubos pequenos (Loureiro, 2021).

Com relação aos doces, a maioria das sobremesas portuguesas se baseia no uso de gema de ovo e açúcar, especialmente para utilizar as sobras de gemas oriundas da produção de vinhos portugueses, nos quais as claras eram utilizadas (Loureiro, 2021). Como exemplos, podemos citar o toucinho do céu, sonhos e papos de anjos, trouxas de ovos e os clássicos e famosos pastéis de nata (ou de Belém, quando produzidos no local) (Holland, 2015).

Uma técnica de preparo incomum empregada pelos portugueses é a de enterrar os cozidos para prepará-los. Esse processo pode durar de 12 a 15 horas e é típico da região dos Açores – o calor vulcânico da ilha serve para realçar os sabores dos ingredientes que ficam sob cozimento. Essa preparação é o cozido das Furnas (Holland, 2015).

Receitas típicas

Gaspacho de Mértola

Ingredientes

- ½ dente de alho
- 250 a 500 g de tomate
- Sal a gosto
- 15 a 30 g de azeite
- 15 a 30 g de vinagre
- ½ colher (sobremesa) de orégano seco (ou a gosto)
- 125 a 250 g de pepino sem sementes
- 125 a 250 g de pimentão verde
- 800 a 1.600 g de água fria (ou gelada)
- 175 a 350 g de pão alentejano (fresco ou de sobra)
- Coentros frescos a gosto para servir
- Chouriço, presunto ou uvas para servir (opcional)

Modo de preparo

Comece triturando o alho. Depois, adicione metade do tomate cortado em pedaços, sal a gosto e triture mais. Verifique se a mistura está pastosa e, se necessário, triture mais um pouco. Em seguida, junte o azeite, o vinagre, o orégano e misture. Corte em cubos pequenos o restante do tomate, o pepino e o pimentão e acrescente à mistura. Despeje a água fria (ou gelada). Acerte os temperos e misture mais um pouco. Conserve no refrigerador (ou *freezer*) e, para servir, junte o pão cortado em cubos pequenos e polvilhe com coentro picado (opcionalmente, pode-se juntar chouriço, presunto em cubinhos ou uvas). Sirva bem fresco.

Toucinho do céu

Ingredientes
- 175 mL de água
- 400 g de açúcar refinado
- 1 pitada de sal
- 200 g de amêndoas moídas
- 60 g de manteiga sem sal à temperatura ambiente
- 2 ovos
- 5 gemas
- 1 colher (chá) de essência de amêndoas (ou Amaretto)
- Raspas de ½ laranja
- Açúcar de confeiteiro para polvilhar

Modo de preparo

Pré-aqueça o forno a 150 °C. Unte uma forma redonda de 25 cm (ou uma quadrada de 20 cm) com manteiga e polvilhe com farinha. Forre o fundo dela com papel-manteiga. Em uma panela, ferva a água com o açúcar e o sal em fogo médio. Quando levantar fervura, acrescente a farinha de amêndoas e baixe o fogo. Cozinhe por 5 a 6 minutos, mexendo sempre, até obter uma pasta espessa e macia. A seguir, incorpore a manteiga picada, misturando bem enquanto ela derrete. Em uma tigela, bata os ovos com as gemas e misture à pasta; então, adicione a essência de amêndoas (ou o licor) e as raspas de laranja. Bata para incorporar tudo. Depois, despeje a massa na forma e asse por 40 a 50 minutos, até o bolo adquirir firmeza no centro e dourar. Espere esfriar antes de desenformar e, então, retire o papel-manteiga e polvilhe com açúcar de confeiteiro para servir.

3.2 Cozinha espanhola

Terceiro maior país da Europa, a Espanha conta com paisagens variadas e uma herança cultural que reflete e influencia diretamente sua gastronomia (Nenes, 2009b). Como sua posição geográfica representa uma ponte terrestre entre os continentes europeu e africano, sua longa trajetória histórica de invasões e colonizações por diferentes povos deu origem a uma mistura diversificada de povos e culturas (Nenes, 2009a).

Legados da dominação romana no território, o azeite de oliva e o alho se tornaram dois ingredientes essenciais em inúmeros pratos. Além disso, muitas receitas romanas foram adaptadas pelos espanhóis e seguem em voga até os dias atuais (Leal, 1998). Ademais, as culturas alimentares provenientes das tradições islâmica e cristã também compõem a base da culinária nacional (Holland, 2015), juntamente com ingredientes provenientes das Américas, como batata, pimentão, tomate e milho, os quais foram incorporados às preparações tradicionais do país (Nenes, 2009b).

Ainda, em razão do extenso período pelo qual os árabes ocuparam o território espanhol, seria natural que eles também influenciassem o desenvolvimento da gastronomia espanhola. Foram os árabes, por exemplo, que introduziram o cultivo de arroz, especiarias como açafrão, cominho e anis, nozes (especialmente amêndoas) e frutas como figos, frutas cítricas e bananas, assim como o açúcar e a pimenta-do-reino (Leal, 1998). O mesmo ocorreu com algumas técnicas culinárias, a exemplo das técnicas para marinar peixes e das combinações entre alimentos doces e picantes (Nenes, 2009a).

Ingredientes típicos, pratos tradicionais regionais e principais técnicas de preparo

A Espanha pode ser dividida em cinco regiões: Espanha Verde, Espanha Central, Pirenéus, Espanha Mediterrânica e Andaluzia.

A Espanha Verde, ao norte e noroeste do país, inclui as regiões de Galiza, Astúrias, Cantábria e províncias bascas. A Galiza é conhecida por sua variedade de mariscos, especialmente vieira, pescada, salmão e truta. Já em Astúrias, há predomínio de peixes e vegetais (Nenes, 2009b). Tanto essa região como a Cantábria são notórias por queijos e maçãs.

Por sua vez, a culinária das províncias bascas tem raízes agrícolas, e os ingredientes mais importantes nas preparações locais são ervilhas, feijões, pimentões, tomates, cebolas e outros vegetais (Nenes, 2009b). O consumo de feijão branco é mais comum que o de grão-de-bico (Holland, 2015). Em geral, como essas regiões apresentam clima temperado, o cultivo de maçãs, peras, pêssegos e cerejas é favorecido (Holland, 2015).

Ainda, são vastas as espécies de peixes, mariscos e frutos do mar, como caranguejos, pescada, atum, bacalhau, mexilhões, ostras, lagostas e filhotes de enguias (Nenes, 2009b). Dada a variedade e a disponibilidade de frutos do mar, uma receita tradicional espanhola é o *pulpo a la gallega*, ou polvo à galega, que consiste em um polvo afervantado, temperado com páprica defumada e servido com batatas cozidas (Holland, 2015). No litoral, o pescado se faz bastante presente, sendo basicamente preparado em azeite (Leal, 1998).

Na porção norte do país, destacam-se os doces e as sobremesas com leite, tais como: *arroz con leche* (arroz doce feito com leite) (Nenes, 2009b), *natillas* (*flan* feito de gemas) *leche frita* (manjar frito) e *crema catalana* (Holland, 2015). Em razão do predomínio do uso de laticínios, graças à influência francesa na culinária espanhola, os molhos cremosos também são recorrentes (Holland, 2015).

Nessa parte do território da Espanha, o leite é utilizado na produção de alguns dos melhores queijos do mundo, a exemplo do *cabrales azul*, um queijo azul de forte aroma (Nenes, 2009b). Há, também, o *tresviso* da Cantábria, outro queijo azul de leite de vaca, porém, de sabor mais suave (Holland, 2015). Além do queijo, merece menção a morcela, feita de sangue de vaca, *bacon* e cebola (Nenes, 2009a).

Os nativos têm o costume de consumir *tapas* (aperitivos) duas vezes ao dia. Tais aperitivos englobam rolinhos recheados com presunto, berinjela grelhada, pimentão vermelho, peixes, salsichas, anchovas frescas, além de croquetes e criações imponentes de salada de batata (Nenes, 2009b).

Por seu turno, na porção central da Espanha, situam-se as províncias de La Rioja, Castela-Leão, Castilla-La Mancha, Extremadura e Madrid, a capital do país. A característica mais marcante da gastronomia dessa região é a rusticidade, a qual é exemplificada nos cardápios locais na forma de caldos simples, como a sopa de alho (Nenes, 2009a).

Trata-se de uma cozinha na qual são regulares as presenças de caldos, ensopados e cozidos, consumidos diariamente (Holland, 2015). Tido como um prato de destaque dessa região, o *cocido madrileño*, por exemplo, leva carnes (frescas ou cozidas), ossos e linguiças que permanecem cozinhando em um caldeirão por 24 horas. Essa receita também pode receber a adição de outros ingredientes, como grão-de-bico, cebola, alho, alho-poró e vegetais frescos – nessa ordem (Nenes, 2009b).

Considerando-se as diferentes preparações vinculadas à cada região, poucas receitas podem ser realmente creditadas como típicas. Exemplos são a *paella* – tipo de risoto preparado com alguns frutos do mar, frango e porco, além da marcante presença do açafrão – e o gaspacho – sopa servida gelada (Leal, 1998).

Já as carnes são encontradas em grande variedade: linguiça, chouriço, morcela, paleta de porco, peito de boi, *jamón serrano* e, em alguns casos, frango (Holland, 2015). Na forma assada, as mais comuns são as carnes de cordeiro, vitela ou leitão.

Os *manchegos*, habitantes da região de La Mancha, mantêm várias tradições referentes às técnicas de assar carnes. Em razão disso, foram produzidas inúmeras receitas de preparação de carnes de caça, a exemplo do gaspacho *manchego*, um ensopado de perdiz, lebre, coelho e faisão. A região também é conhecida pela manufatura dos melhores produtos de porco e queijo ibérico do país, tal como o *manchego*, um dos melhores queijos de toda a Espanha (Nenes, 2009b).

Nas sobremesas espanholas, costuma-se utilizar mel e amêndoas – herança judaica (Holland, 2015). A cidade de Toledo é conhecida por seus *yemas* (doces de gema de ovo); já a capital, Madri, é famosa pelos churros com chocolate e pelas *orejuelas;* por fim, a Cidade Real ganhou notoriedade graças à produção de bolos embebidos em vinho (Nenes, 2009b).

O clima predominantemente mediterrâneo da Espanha proporciona condições ideais para o cultivo de grãos como trigo e cevada, leguminosas como grão-de-bico e lentilhas, bem como as famosas oliveiras (Holland, 2015). Além disso, o azeite espanhol é muito apreciado pela qualidade e sabor (Nenes, 2009b).

A região também é propícia para o plantio de um dos ingredientes mais cultuados pelos espanhóis: o açafrão. Introduzido na cozinha local pelos mouros há mais de mil anos, atualmente é cultivado em larga escala no planalto de La Mancha. Ainda a respeito do açafrão, é importante que seja colhido antes do anoitecer, caso contrário, perde o sabor (Nenes, 2009b).

Outro legado dos mouros para a gastronomia espanhola é um inovador sistema de irrigação, graças ao qual o país se tornou referência no cultivo de arroz. Em Valência, por exemplo, o arroz de grão é o mais produzido, dando origem à preparação mais conhecida da Espanha: a já mencionada *paella*. Originalmente, sua receita combinava vegetais, como vagens e favas, com restos de coelho, muito diferente da versão atual, que geralmente leva arroz cozido com frutos do mar e carne de frango ou de coelho, ingredientes que, depois, são perfumados e coloridos com açafrão. Existe, ainda, outra versão da receita, denominada *paella negra*, nome que remete à cor escura do prato, que é colorido com tinta de lula (Nenes, 2009b).

Já em La Vera, o produto que mais se destaca é a páprica defumada. De qualidade particularmente elevada, ela é feita com pimentões com base em técnicas ancestrais dos monges que no passado habitaram o local (Nenes, 2009b).

Mas a culinária mais antiga, individual e tradicional da Espanha é, sem dúvidas, a catalã, composta de sete ingredientes essenciais: azeite, alho, cebola, tomate, nozes, frutas secas e ervas, as quais incluem alecrim, tomilho e louro. Nessa região, o *pimentón* não é usado; por isso, as preparações locais são mais sutis do que no resto do país (Holland, 2015).

Por exemplo, na *butifarra*, linguiça típica da Catalunha, as especiarias são empregadas apenas com o intuito de realçar o sabor da carne do porco (Holland, 2015). Ademais, na comunidade catalã, existem 17 variedades de chouriço oficialmente reconhecidas. Essas linguiças são geralmente produzidas com carne de porco magra, alho, páprica, pimentão vermelho e flocos de pimenta-vermelha (Nenes, 2009b).

Um tradicional alimento espanhol é o *sofregit*, ou estrugido, que consiste em um refogado de base suave e adocicada, preparado com cebolas que lentamente murcham em fogo baixo, bem como quantidades em dobro de tomate e azeite (Holland, 2015).

Na cozinha catalã, os molhos são indispensáveis. Um dos mais conhecidos é o *aioli*, que consiste em uma emulsão com alho e azeite, muito frequente para acompanhar carnes de caça, carnes brancas ou peixes (Holland, 2015).

O sul da Espanha é onde se situa a comunidade da Andaluzia, a maior produtora mundial de azeite, cujo sabor é a base da culinária da região. No país, as azeitonas pretas são utilizadas para fazer o azeite (Nenes, 2009b). A culinária andaluza nasceu da necessidade de subsistência, o que a levou à fama de ser uma cozinha prática, simples e substanciosa (Holland, 2015). Com base nesses princípios, foram criados pratos como *salmorejo*, *ajo blanco* e gaspacho, sendo este último a grande contribuição da Andaluzia para a gastronomia mundial (Nenes, 2009b).

Receitas típicas

Gaspacho[1]

Rendimento: 4 porções

Ingredientes
- 1 kg de tomates bem maduros
- 2 cebolinhas fatiadas
- ¼ de um pepino pequeno
- ½ dente de alho

---

1 Receita retirada de Holland (2015).

- 1 colher (sopa) de vinagre de xerez a gosto (se possível, Pedro Ximenez)
- 3 a 5 colheres (sopa) de azeite extravirgem
- Sal marinho e pimenta-do-reino moída na hora
- 40 g de presunto curado, de preferência ibérico, cortado em cubos (opcional)
- 40 g de melão *cantaloupe* bem maduro cortado em cubos (opcional)

Modo de preparo

Coloque todos os vegetais e o vinagre no processador. A seguir, com o aparelho ligado, acrescente o azeite fio a fio. Caso a sopa fique muito espessa, dilua com um pouco de água. Leve à geladeira por pelo menos quatro horas. Pouco antes de servir, tempere com sal, pimenta e vinagre, se for preciso. Guarneça com presunto e melão picados.

Bolinhos de bacalhau com molho tártaro

Giovanni Seabra Baylao/Shutterstock

Ingredientes

Bolinhos

- 500 g de bacalhau salgado
- 300 mL de leite
- 250 mL de água
- 100 g de manteiga em cubos
- 150 g de farinha de trigo

- 4 ovos médios
- 2 dentes de alho bem picados
- 25 g de salsinha picada
- Suco de 1 limão-siciliano
- Sal e pimenta
- 1 L de óleo vegetal para fritar

Molho tártaro

- 2 gemas
- 2 colheres (chá) de mostarda de Dijon
- 125 mL de azeite *light*
- 125 mL de óleo vegetal
- 1 chalota picada (use uma cebola pequena, se preferir)
- 20 g de alcaparras escorridas e picadas
- 20 g de picles escorridos
- Suco de meio limão-siciliano
- 1 ovo cozido picado
- 15 g de salsinha bem picada

Modo de preparo

Coloque o bacalhau de molho na água fria e leve à geladeira por 24 horas. Renove a água ao menos três vezes nesse período. Escorra e seque o peixe com papel-toalha e, depois, corte em cubinhos de 3 cm. Disponha o bacalhau em uma panela funda e cubra com o leite e 300 mL de água. Leve para ferver em fogo baixo e, em seguida, com uma escumadeira, retire os pedaços de peixe. Espere esfriar um pouco e, depois, retire a pele e as espinhas do bacalhau e desfie. Em um panela média, aqueça 250 mL de água com a manteiga, até derretê-la. Quando levantar fervura, retire do fogo. Acrescente a farinha de trigo, mexendo vigorosamente até obter uma mistura homogênea. Retorne a panela ao fogo e cozinhe a massa em fogo baixo por cerca de 10 minutos, mexendo sem parar. Quando estiver cozida, retire do fogo e deixe esfriar por mais 10 minutos.

A seguir, incorpore os ovos um a um. Junte o bacalhau desfiado, o alho, a salsinha e o suco de limão. Misture bem e tempere. Coloque a massa em uma tigela, para esfriar; depois, tampe e leve à geladeira por, ao menos, duas horas. Para preparar o molho tártaro, bata as gemas com a mostarda em uma tigela. Misture o azeite com o óleo em um recipiente à parte e incorpore-os gradualmente à mistura, batendo vigorosamente até atingir a consistência de maionese. Quando a mistura estiver homogênea, acrescente a chalota, as alcaparras e os picles. Na sequência, adicione o suco do limão e misture bem. Por fim, incorpore o ovo cozido picado e a salsinha e tempere com sal e pimenta. Conserve na geladeira até usar. Na hora de fritar os bolinhos, retire a massa da geladeira e, com as mãos ou usando duas colheres (o que for mais fácil), modele-a em bolinhas de 3 a 4 cm. Aqueça o óleo vegetal a 180 °C em uma fritadeira ou em uma panela funda. Frite os bolinhos aos poucos, por 3 a 4 minutos, virando-os algumas vezes com uma escumadeira até dourarem. Retire-os do óleo e disponha-os sobre o papel-toalha, para escorrer. Em seguida, tempere com sal e pimenta e sirva com o molho tártaro.

3.3 Cozinha alemã

Em razão do instinto de sobrevivência que se instaurou na sociedade alemã depois das duas Grandes Guerras Mundiais, a culinária alemã se desenvolveu com base em processos criados para aumentar a durabilidade dos alimentos. Assim, conservas, geleias, compotas e processos de defumação integram a cultura alimentar do país, mantendo-se vivas até os dias de hoje (Grabolle, 2020).

A Alemanha passou por um rápido contexto de inovação e industrialização, no qual se fez necessário elaborar maneiras eficazes de sustentar as pessoas que se dedicavam ao trabalho braçal (Holland, 2015).

Nesse sentido, as receitas, em geral, eram repletas de gorduras e de molhos grossos, essenciais para manter a saciedade dos trabalhadores e ajudá-los a suportar o frio da região (Leal, 1998). Não por acaso, antigamente, ingredientes como torresmo, banha, nata e manteiga eram muito comuns nos pratos alemães (Reinhardt, 2021). Por isso, a cozinha alemã, por muito tempo, foi associada a preparações pesadas e substanciosas (Holland, 2015).

Pratos tradicionais, como joelho de porco, sopa preta e marreco recheado, não são mais tão assíduos na dieta alimentar dos nativos, afinal, com o passar dos anos, as preocupações com a boa saúde se difundiram mundo afora e, com efeito, influenciaram também o modo como os alemães se alimentam – atualmente, optam por porções menores de comida.

Apesar disso, as características que definem a gastronomia alemã jamais foram abandonadas. Ou seja, as conservas e o máximo aproveitamento possível dos ingredientes permanecem como princípios da cozinha local – legados de uma época em que os insumos não poderiam ser desperdiçados (Grabolle, 2020).

O país europeu é conhecido por seu clima fresco, estações bem definidas e grandes extensões montanhosas. Assim, a alimentação dos alemães varia conforme insumos disponíveis em cada época do ano (Grabolle, 2020).

De todo modo, ingredientes como carne de porco, repolho e batata são os mais presentes na gastronomia da Alemanha, embora cada região apresente especificidades nas preparações (Leal, 1998). Portanto, a culinária alemã também foi moldada por aspectos geográficos (Grabolle, 2020).

Ingredientes típicos, pratos tradicionais regionais e principais técnicas de preparo
Na Alemanha, as enormes extensões de florestas proporcionam o cultivo de cogumelos silvestres, beterraba, maçã, entre outros alimentos (Holland, 2015).

Com relação às carnes, tanto a bovina quanto a suína se fazem presentes na maior parte do ano (Grabolle, 2020). No entanto, a carne de porco é a mais regular, uma vez que é fácil de produzir e pode ser aproveitada ao máximo (Grabolle, 2020). Ela é insumo para a produção de presuntos, chouriços, salsichas de fígado e paletas defumadas (Leal, 1998). Ainda, é utilizada em pratos como: *jägerschnitzel*, uma linguiça de porco grelhada coberta com queijo suíço e acompanhada de um molho feito de cogumelos; *schweinebraten*, que consiste em carne de porco assada; *bierbratl*, uma carne de porco assada na cerveja (MacVeigh, 2009), assim como no famoso joelho de porco (Leal, 1998).

As salsichas (*wursts*) são a base para as preparações da cozinha alemã e podem ser servidas quentes ou frias. Por sua versatilidade, são consumidas com pão, no café da manhã, e acompanhadas de salada de batatas e chucrute, no almoço ou jantar (Holland, 2015).

Existem mais de 200 tipos diferentes de salsicha na Alemanha, sendo a *bockwurst* a mais comum, feita de carne moída fina e gordura (MacVeigh, 2009). Já na porção litorânea do país, em virtude da proximidade com os mares do Norte (Nenes, 2009b), a carne de porco é substituída por frutos do mar. Ainda, nessa região, é grande a variedade de ostras, crustáceos e peixes, todos de ótima qualidade (Leal, 1998). Os mais populares são os filés de arenque enrolados e em conserva: os *rollmops* (Nenes, 2009b).

Para a produção de receitas típicas, como pães e *pretzels*, o cultivo de cereais e sementes, como trigo, aveia e centeio, é essencial (Holland, 2015). Um exemplo é a *spätzle*, massa bastante apreciada, semelhante ao macarrão italiano, normalmente servida com carne ou vegetais (MacVeigh, 2009).

Contudo, como o cultivo de determinados ingredientes é limitado por fatores como posição geográfica e variação climática, os alemães desenvolveram técnicas marcantes de conserva e embutidos, tais como conservas de cebolas, beterrabas, pepinos, bem como embutidos defumados, geleias e compotas (Grabolle, 2020).

Por exemplo, os rabanetes em conserva são um acompanhamento de extrema popularidade nacional, além do repolho em conserva (ou chucrute). Encontrada em todo o país, essa receita pode ser preparada de diversas maneiras, e o ingrediente é tanto utilizado como legume como para guarnição, enfeite ou adorno (MacVeigh, 2009). Também recorrentes na gastronomia alemã são os aspargos, por serem fáceis de encontrar (Holland, 2015) – os brancos têm um significado cultural para os habitantes (MacVeigh, 2009).

Quanto às sobremesas, a mais marcante delas é o *strudel*, uma massa folhada com recheio de doce de frutas (Leal, 1998). Ainda, os cuques (ou *kuchen*) de maçã e de uva são feitos para aproveitar os insumos das colheitas sazonais (Reinhardt, 2021).

Outra sobremesa, o *stollen*, é uma tradição natalina. Trata-se de um bolo que leva frutas secas e cristalizadas, bem como nozes e especiarias como cardamomo e canela (Nenes, 2009b), as quais, unidas ao cravo, costumam ser muito empregadas nas preparações doces (Holland, 2015). O *lebkuchen*, por sua vez, consiste em um famoso pão de gengibre (uma espécie de bolo em camadas) com cobertura de açúcar ou chocolate (Nenes, 2009b).

Entre os temperos mais recorrentes na cozinha alemã, destacam-se os seguintes: alcaravia, cebolinha miúda, endro, salsinha, tomilho, zimbro, pimenta-do-reino, pimenta-preta e cominho (Holland, 2015; Grabolle, 2020).

Para apimentar as receitas, os condimentos mais utilizados são mostarda, raiz-forte e páprica, geralmente empregados para temperar molhos que acompanham carnes e peixes, a fim de amenizar o forte gosto de algumas delas (Holland, 2015).

Por fim, uma característica da culinária alemã é o hábito de se consumir simultaneamente os sabores doce e salgado, por exemplo, ao preparar uma carne ou servi-la com frutas – uma tática para complementar a refeição com vitaminas e minerais (Grabolle, 2020). Também são exemplos disso as geleias de guarnição e os assados recheados e decorados com frutas (Leal, 1998).

Receitas típicas

Chucrute

Rendimento: 4 a 6 porções

Ingredientes
- 1 cabeça de repolho de sua preferência (sem o miolo) picado
- 4 colheres (sopa) de sal
- 6 grãos de zimbro amassados

Modo de preparo
Em uma tigela, misture o repolho e o sal uniformemente. Com as mãos, amasse bem a mistura, para liberar o líquido do repolho. Acrescente os grãos de zimbro. Disponha tudo em um pote grande, para decantar, e coloque um prato e um peso em cima, para comprimir ainda mais o repolho e extrair a salmoura. Cubra o pote com uma toalha úmida e conserve-o por um mês em um local quente e úmido (mas não quente demais, para não alterar o sabor) – por exemplo, em cima de um armário na cozinha. Diariamente, pressione o conteúdo do pote, a fim de extrair

o máximo de líquido possível do repolho. Passado um mês, quando quiser usar o chucrute, ferva-o em uma panela pequena em fogo médio e sirva a seguir, ou guarde em potes esterilizados.

Stollen

Ingredientes

Massa
- 18 g de fermento biológico fresco (ou 8 g fermento biológico seco)
- 850 g de farinha de trigo
- 400 g de manteiga
- ½ colher (sopa) de açúcar de baunilha
- 2 xícaras (chá) de leite
- 1 colher (sopa) de fermento químico
- 2 colheres (chá) de sal

Esponja
- 150 g de farinha de trigo
- 1 e ½ xícara (chá) de leite
- 1 e ½ colher (sopa) de fermento para pão
- Frutas no rum

Ingredientes

- 150 g de farinha de trigo
- 1 e ½ xícara (chá) de leite
- 1 e ½ colher (sopa) de fermento em pó
- 500 g de uvas-passas
- 200 g de amêndoas ou castanhas-do-pará picadas
- 230 g de fruta cristalizada
- 20 mL de rum

Modo de preparo

Esponja
Misture a farinha, o leite e o fermento, amasse bem e reserve. Deixe crescer em lugar aquecido durante aproximadamente 20 minutos.

Frutas no rum
Lave as uvas-passas com água quente, seque em papel absorvente e misture com as frutas cristalizadas e as amêndoas picadas. Despeje o rum sobre a mistura e tampe. As frutas absorverão a bebida.

Massa
Misture a manteiga com o açúcar e adicione o restante dos ingredientes. Em seguida, incorpore a esponja anteriormente preparada, amasse bem e acrescente leite até a massa estar no ponto certo (cuide para que ela não fique muito mole). Espere crescer por aproximadamente 40 minutos. Depois, incopore à massa a mistura das frutas embebidas no rum, amasse bem e, novamente, aguarde crescer por 20 minutos. Na sequência, forme rolos e os coloque nas formas e deixe crescer novamente até a massa ficar fofa – cerca de 30 minutos. Asse em forno pré-aquecido a 220 °C por 50 minutos. Ainda quente, pincele manteiga derretida e salpique açúcar de confeiteiro por cima.

3.4 Cozinha italiana

Por sua simplicidade e sabor delicado, a gastronomia da Itália é apreciada no mundo todo (Leal, 1998). A criação da identidade culinária do país foi gradual e teve início desde antes do surgimento da nação propriamente dita; começou com a segregação das particularidades gastronômicas vinculadas a cada estado independente da região. Em razão dessa absorção de conhecimentos, a cozinha italiana é considerada regional e conservadora (Landi, 2012).

Tais características decorreram de processos de invasões, conflitos e de aspectos geográficos de localidades que, antes, não se relacionavam (Baccin; Azevedo, 2012; Sousa; Fukunishi; Ferro, 2017). Assim se formou a base da sociedade italiana, marcada por uma mescla de tradições, costumes e linguagens (Baccin; Azevedo, 2012). Ademais, trata-se de uma culinária que surgiu tanto da simplicidade da mesa camponesa quanto dos nobres banquetes da alta sociedade (Sousa; Fukunishi; Ferro, 2017).

As diferenças nas preparações de cada região da Itália resultam de especificidades de cada local, bem como das influências de outros povos ao longo da história (Baccin; Azevedo, 2012). Apesar disso, vários ingredientes e técnicas são comuns a todos os italianos e estão presentes em todo o território do país (Sousa; Fukunishi; Ferro, 2017).

Ingredientes típicos, pratos tradicionais regionais e principais técnicas de preparo

A cozinha italiana é bem variada e preza pela qualidade – a prioridade é utilizar ingredientes frescos (Holland, 2015). Essa culinária inclui muito mais que pratos de lasanha, canelone, espaguete ou ravióli (Leal, 1998). Para tratarmos da identidade gastronômica da Itália, dividimos o país em porções central, norte e sul, já que existem particularidades de cada região que merecem ser comentadas.

No centro do país, a comida é simples e cheia de sabor (Holland, 2015). Ainda, podemos dizer que ela representa uma fusão entre as cozinhas do norte e do sul (Sousa; Fukunishi; Ferro, 2017). Os sabores de massas do local são bastante famosos (Holland, 2015), e os habitantes dominam a produção da *minestrone*, considerada uma das melhores sopas de feijão, que leva a versão branca desse vegetal e acompanha legumes, queijo e condimentos como alho e cebola (Leal, 1998).

Na Toscana, graças às enormes plantações de oliveiras, produz-se o melhor azeite do mundo (Landi, 2012). Não por acaso, é a gordura de destaque na localidade (Sousa; Fukunishi; Ferro, 2017). Ademais, o queijo *pecorino*, natural da região e feito com leite de ovelhas (Landi, 2012), é ingrediente essencial para um tradicional prato regional: a massa chamada *pasta cacio e pepe* (Sousa; Fukunishi; Ferro, 2017), além de diversas outras preparações, como *pizzas* (Holland, 2015). Ainda, esse queijo pode ser empregado no macarrão *rigatoni*, em uma receita que leva ingredientes, como pimentão, por exemplo.

Quanto aos vegetais e às verduras, seu cultivo é abundante na localidade, em virtude do bom clima e da fertilidade do solo, e sempre são servidos como acompanhamento dos pratos (Landi, 2012). Além disso, um molho mundialmente apreciado e clássico da Toscana é o carbonara, à base de *guanciale* ou *pancetta*, com ovos, manteiga, queijo e pimenta (Holland, 2015).

Para além dessas preparações, pratos como a *saltimbocca alla romana*, um escalope de vitela com parma e sálvia, e o *gnocchi* à romana são típicos da região, na qual também se consome bastante carnes de caça, de porco e variados legumes (Landi, 2012). Ainda, os toscanos prezam pelo uso de ervas frescas (Sousa; Fukunishi; Ferro, 2017).

Em Roma, a capital do país, é costume saborear carnes pouco temperadas, desde cordeiro com sal, alho e *aliche*, até miúdos cozidos em vinho, tomates e um ou dois temperos (Holland, 2015). O hábito de comer miúdos é originário da população judaica e desfavorecida que há tempos vive na cidade. Aliás, todos os tipos de cortes mais baratos, como intestinos de vitelo e miúdos de cabrito, são aproveitados (Holland, 2015). De toda forma, as carnes de vitela são as preferidas dos italianos, embora as mais consumidas sejam as de frango, coelho e lebre (Leal, 1998).

As porções situadas mais ao norte da Itália, por sua vez, são responsáveis pela maior produção leiteira do país, com destaque para o uso da manteiga (Landi, 2012), a gordura mais recorrente nas preparações culinárias. Além disso, alguns dos queijos mais difundidos mundialmente, como *gorgonzola, taleggio, mascarpone, grana padano* e *parmigiano reggiano*, são também originários do norte italiano (Sousa; Fukunishi; Ferro, 2017; Leal, 1998).

Ademais, os grãos de arroz são de extrema importância para a cozinha local, pois servem de base para deliciosos risotos. Já os grãos de milho dão vida à polenta, outro prato comumente consumido na Itália (Landi, 2012).

Mais perto da região dos Alpes, em razão da área montanhosa, o destaque é a trufa branca, que faz parte do cardápio local, bem como massas ao molho trufado e risotos (Sousa; Fukunishi; Ferro, 2017). Outros pratos típicos da região norte são o *pesto* genovês, a *focaccia* e o *gnocchi* (Landi, 2012). Além disso, a cozinha do norte é bastante influenciada pelas características camponesas, o que pode ser notado em sopas, ensopados, gratinados e tortas (Landi, 2012; Sousa; Fukunishi; Ferro, 2017).

Preparações como o *risotto alla milanese* e a *tortelli di zucca* são típicas da Lombardia, além de doces como panetone, torrone e o famoso *tiramisù* – sobremesa feita de bolachas molhadas em café (Landi, 2012; Sousa; Fukunishi; Ferro, 2017). Outros insumos importantes também são produzidos na região norte, como o aceto balsâmico, a mortadela, o parmesão e o presunto de Parma (Landi, 2012).

Na porção sul da Itália, em virtude da grande influência asiática, árabe e americana, dado que é uma região banhada por mares, são feitas receitas com frutos do mar (Sousa; Fukunishi; Ferro, 2017). O cultivo de legumes, frutas e verduras e a produção do azeite também se destacam na região. Apenas em alguns estados sulistas se consomem outras carnes.

Na região da Campânia, um dos pratos típicos é a massa com mariscos, que pode ser servida com molho branco ou vermelho (Landi, 2012).

Ademais, nas preparações do sul, não pode faltar tomate, por se tratar de um ingrediente essencial para as massas, proporcionando-lhes cor e sabor. Ainda, é na mesma faixa territorial que se produz a *mozzarella di bufala*, a qual, com o tomate, dá vida à *insalata caprese* (salada caprese) (Landi, 2012).

Ingredientes como alcaparras, anchovas e azeitonas, bem como caldos feitos de legumes, carnes ou ossos, além de cogumelos e queijos, são importantes para a construção do sabor de cada prato (Sousa; Fukunishi; Ferro, 2017).

A polenta e o risoto substituem os pães em diversas regiões do país (Leal, 1998), entretanto, em cada localidade, o preparo e a técnica utilizados são diferentes (Sousa; Fukunishi; Ferro, 2017).

No sul, faz-se a *caponata*. O solo vulcânico e fértil da Sicília, em razão da agricultura bem desenvolvida e diversificada, proporcionou a criação desse antepasto, que é feito com berinjelas e pimentões (Landi, 2012). Ademais, uma típica sobremesa siciliana é o *cannoli*, recheado com o queijo mais famoso da região, a ricota (Landi, 2012).

É na Sardenha que se produz o já citado queijo pecorino, empregado nas massas mais famosas da região (Landi, 2012). Na região montanhosa da Calábria, por sua vez, costuma-se cultivar a pimenta-calabresa (Landi, 2012).

Sob as influências de outros povos, absorvidas de guerras e invasões, os italianos aprenderam métodos de cozinha que ajudaram a desenvolver a culinária local. Entre eles, pode-se citar o aproveitamento integral dos insumos e os métodos de conservação de embutidos, conservas e queijos (Sousa; Fukunishi; Ferro, 2017).

Com relação às técnicas, existem três etapas fundamentais para a construção de sabor nos pratos. A primeira, chamada de *battuto*, corresponde ao ato de cortar os insumos/ingredientes que servirão como base aromática. Nessa etapa, normalmente, são utilizados alho, cebola, salsão, salsa e uma gordura. Já na segunda fase, denominada *soffritto*, os ingredientes da primeira etapa são salteados, para reforçar/acentuar os sabores. Por fim, a terceira etapa consiste em adicionar ao *soffritto* o ingrediente principal, para que os sabores se construam e todos os insumos se envolvam (Sousa; Fukunishi; Ferro, 2017).

Receitas típicas

Tagliatelle alla bolognese

chatham172/Shutterstock

Rendimento: 8 porções

Ingredientes
- 100 g de manteiga
- 60 mL de azeite extravirgem
- 1 cenoura cortada em cubinhos
- 2 talos de aipo picados
- 1 cebola média picada
- 4 dentes de alho fatiados
- 100 g de *pancetta cortada* em pequenas tiras
- 500 g de carne de porco moída
- 500 g de vitela moída (ou carne de boi)
- 100 g de fígados de galinha picados (opcional)

- 375 mL de vinho branco
- 600 mL de leite
- 400 g de tomates picados
- 250 mL de caldo de frango ou de carne (opcional; ou 250 mL de leite a mais)
- 800 g de *tagliatelle* seco, ou 1 kg de *tagliatelle* fresco
- Manteiga para servir
- 50 g de parmesão ralado para guarnecer

Modo de preparo

Em uma frigideira grande, derreta a manteiga no azeite em fogo médio. Disponha a cenoura, o aipo, a cebola, o alho e a *pancetta*, tempere com uma pitada generosa de sal e refogue por 10 a 15 minutos, até amaciar tudo. Aumente o fogo e junte a carne em quatro ou cinco partes, esperando que a água evapore a cada nova adição e mexendo com uma colher para desfazer os grumos. Espere até o conteúdo da frigideira começar a espirrar e, então, diminua para fogo médio e cozinhe por 10 a 20 minutos, mexendo de vez em quando até a carne dourar. Despeje o vinho para dissolver os temperos caramelizados ao fundo. Depois, transfira tudo para uma panela e acrescente o leite, os tomates e o caldo. Tempere com pimenta-do-reino moída e sal a gosto. Cozinhe em fogo baixo, sem tampar, por aproximadamente 4 horas, até o molho encorpar. A consistência final deve ser mais oleosa que líquida (misture mais caldo, ou adicione um pouco de água, caso seque rápido demais). O molho terá finalizado o cozimento quando estiver espesso como creme de leite fresco (semelhante a um mingau). Prove e ajuste o tempero novamente. Cozinhe o macarrão de acordo com as instruções da embalagem. Escorra-o quando estiver quase no ponto e junte-o ao molho, cozinhando por 20 segundos – acrescente algumas colheres de manteiga. Sirva com parmesão ralado.

Caponata

Ingredientes

- 2 berinjelas médias (700 g)
- Sal a gosto
- 2 cebolas médias
- 4 tomates médios bem maduros
- 1 talo de salsão
- ½ xícara (chá) de azeite de oliva ou óleo para fritar
- 1 colher (sopa) de alcaparras
- ½ xícara (chá) de azeitona verde sem caroço
- 1 colher (sopa) de açúcar
- ¼ de xícara (chá) de vinagre de vinho tinto

Modo de preparo

Corte as berinjelas em cubos (sem descascá-las) e coloque em uma peneira. Salpique com sal e disponha em um prato com um peso por cima, a fim de eliminar o gosto amargo do vegetal. Deixe descansar por 1 hora. Enquanto isso, descasque as cebolas, pique-as em cubos médios e reserve. Tire a pele dos tomates (se desejar, retire as sementes), pique-os e reserve. Elimine os fios do salsão, corte-o em fatias de 0,5 cm e reserve. Depois, aqueça o azeite em uma panela, adicione a cebola e deixe-a murchar em fogo baixo, sem dourar. Acrescente o tomate e espere cozinhar por 5 minutos, despejando um pouco de água. Junte o salsão, tampe a panela e cozinhe por mais 10 minutos, até amolecer. Enquanto aguarda o cozimento, enxague bem os cubos de berinjela para eliminar o excesso de sal, escorra apertando-os entre as mãos e, na sequência, frite-os em óleo quente, até que fiquem bem dourados. Após isso, escorra e seque em um papel absorvente. Junte a berinjela frita ao refogado, acrescentando a alcaparra, as azeitonas (cortadas em rodelas meio grossas), o açúcar e o vinagre. Deixe cozinhar em fogo baixo, mexendo de vez em quando, até o líquido evaporar. Prove o sal e, se achar necessário, salpique mais um pouco e misture muito bem. Aguarde esfriar e sirva em temperatura ambiente, acompanhado de atum, salame, queijo ou, simplesmente, um pão italiano fresquinho e crocante.

3.5 Cozinha francesa

A culinária francesa é uma fusão de três elementos: riqueza de ingredientes, sabedoria na maneira de usá-los e requinte nos mínimos detalhes. A mesma relação de apreciação, respeito e interesse que os franceses têm com as artes, como pintura, literatura e teatro, eles mantêm com a culinária (Holland, 2015).

Mais de dois terços da região francesa estão cobertos por montanhas e colinas, geralmente, com invernos frios e verões amenos. Sua história é repleta de acontecimentos, como guerras e revoluções, que foram determinantes para sua emergência como uma das nações mais desenvolvidas do mundo. Sua diversidade vem das inúmeras influências culturais e da disponibilidade de ingredientes (Nenes, 2009b).

A culinária francesa recebeu diversas influências, tanto de dentro como de fora do país (MacVeigh, 2009). No país, os romanos introduziram tanto as vinhas, que geram os vinhos nacionais, como as azeitonas, das quais é extraído o azeite e que se tornaram a principal gordura empregada nas preparações locais. Ademais, a civilização romana proporcionou o desenvolvimento dos sistemas de irrigação, o que, com efeito, contribuiu para aumentar a produtividade das terras e obter maior diversidade de insumos – o que pode ser visto em toda a extensão territorial do país (MacVeigh, 2009).

Por sua vez, da Itália, os franceses incorporaram um repertório de sopas, molhos e sobremesas, em um conceito de cozinha mais simples, com menos temperos, mas focando no preparo de alimentos extremamente saborosos sem mascarar o sabor original. Sob essa perspectiva, o *roux*, utilizado para espessar molhos, é tido como um dos ingredientes mais importantes da culinária da França (MacVeigh, 2009).

Em comparação com a maioria dos países europeus, um diferencial da culinária da França é o fato de que a cozinha da nobreza, em muitos aspectos, tornou-se a culinária de todos (MacVeigh, 2009).

Ingredientes típicos, pratos tradicionais regionais e principais técnicas de preparo

A porção norte da França é mais conhecida por seus espumantes, os conhecidos champanhes. É também uma das regiões agrícolas que abastece outras localidades do país com insumos como trigo, batata, beterraba e repolho.

Algumas contribuições dessa cozinha, mais reservada e simples, são as receitas de recheios de caça mais simples, como patês e cozidos à *carbonade* (com cerveja, mostarda e cebola) (MacVeigh, 2009). Ainda, cogumelos selvagens, retirados das florestas da região, e carnes de caça e truta são outros ingredientes presentes na culinária local. No que respeita aos doces e às sobremesas, os mais conhecidos são os *gaufres*, os *waffles* e o *pain d'épices* (pão de mel e especiarias) (MacVeigh, 2009).

Ao noroeste, a Normandia se destaca por alimentos como laticínios, maçãs e frutos do mar, além de ser local de origem de manteigas, queijos e cidras qualificados como os melhores do mundo (Holland, 2015). Nessa região, é comum a combinação de frutos do mar locais e produtos lácteos; aliás, manteigas e cremes são produtos muito procurados (MacVeigh, 2009). Nessa porção do território francês, surgiram queijos como *neufchâtel*, *livarot*, *gournay* e *camembert* (MacVeigh, 2009; Nenes, 2009b).

Ainda, por ter clima mais frio, a Normandia concentra grandes regiões cultivadas com pomares de maçãs, além de produzir uma cidra local e um destilado denominado *calvados*, feito à base desse fruto (MacVeigh, 2009). Em razão disso, várias receitas típicas do local incorporam a maçã, a exemplo do *mignon de porc à la normande*, que consiste em lombo de porco cozido com maçãs e cebola em cidra, servido com rodelas de maçã caramelizadas (Nenes, 2009b).

Quanto aos doces e às sobremesas, as principais preparações da região são a *tarte tatin* e os *douillons*. Ambos consistem de recheios de maçã ou pera caramelizadas envolvidas por uma massa adocicada (MacVeigh, 2009).

Na Bretanha, o cordeiro, por ser um animal que pasta nas salinas, é muito consumido em uma receita chamada *agneau de pré salé* (cordeiro de pântano salgado) (MacVeigh, 2009), assim como mingaus, crepes e ensopados, sendo um exemplo deste o *kig ha farz*, que leva carne bovina e porco salgado. Seu preparo consiste em cozinhar o mingau dentro do ensopado, produzindo um saboroso bolinho de massa de amido para ser servido em conjunto (MacVeigh, 2009).

Como a Bretanha conta com excelentes frutos do mar – os mexilhões, por exemplo, são onipresentes na cozinha local –, os pescados frescos sempre fazem parte das refeições e podem ser servidos *à la meunière*, acompanhados de batatas fritas. O pregado é o peixe mais apreciado, mas robalo, linguado, tamboril e raia também são comuns e muito consumidos, servidos de maneira bem simples, com purê de batata e erva-doce e molho *meunière* (Holland, 2015). Igualmente, a região é palco para o cultivo de excelentes e variados vegetais, como alcachofra, couve-flor, ervilha e batata (MacVeigh, 2009). Com relação às sobremesas, as mais conhecidas são os crepes, panquecas finas usadas em diversas preparações doces (MacVeigh, 2009).

No centro-oeste, o Rio Loire, localizado no Vale do Loire, fornece a água necessária para produzir culturas que, em grande maioria, são enviadas para outras partes da França. Um exemplo clássico é o champignon de Paris, enviado para a capital. Outros produtos que vêm dessa região são aspargos, alho-poró, cenouras e algumas variedades de alface. As regiões ao redor do Rio Loire abrigam pomares de ameixas e peras, e o rio oferece excelentes opções de peixes de água doce, como salmão, lúcio e enguia (MacVeigh, 2009), usados como ingredientes em sopas e ensopados, a exemplo do *matelotte d'anguille*, ensopado de enguia feito com vinho tinto, conhaque e chalotas. Todavia, também podem ser servidos apenas com molho *beurre blanc*, um clássico do Vale do Loire, feito a partir da redução de manteiga com chalotas, vinagre e Muscadet, um vinho branco seco (Holland, 2015).

Outros produtos de destaque são a carne bovina (os melhores cortes do mundo são feitos na região), a carne de coelho, além de receitas como o *coq au vin*, galo estufado com vinho tinto, e o famoso *escargot*, caracóis preparados no alho e na manteiga (MacVeigh, 2009).

A cozinha da Borgonha é conhecida por ser delicada, mas não excessivamente exigente. Seus principais ingredientes são as carnes de porco e de vaca, frango, cebola, alho, cogumelos, caracóis e natas (Nenes, 2009b). Seus pratos cozidos à *la bourguignonne*, que levam vinho tinto, *bacon*, cogumelos e pequenas cebolas, são mundialmente famosos (MacVeigh, 2009). As carnes bovina e de cordeiro também são bastante recorrentes e fazem sucesso na gastronomia local (MacVeigh, 2009), e muitas receitas com esses insumos são feitas com um molho à base de vinhos da região (Holland, 2015).

Diversas preparações difundidas em todo o mundo são originais dessa região, tais como o *coq au vin*, frango ao vinho tinto com cogumelos e molho de cebola, e o *boeuf bourguignon*, carne estufada em vinho tinto com cogumelos e cebola. Além disso, o local é conhecido pela grande variedade de mostardas – é onde se situa a cidade de Dijon.

No que se refere aos doces e às sobremesas, em geral, são bastante simples, a exemplo dos *gaufres*, que são *waffles* cobertos com açúcar e creme de leite fresco (Nenes, 2009b). Já em Champagne, são famosos os biscoitos de Reims, semelhantes a *macarons*, porém mais finos (Nenes, 2009b).

Lyon é a cidade mais importante de Ródano-Alpes, no centro-leste da França. Por conta de sua privilegiada localização – com acesso aos melhores suprimentos, como carnes orgânicas, vegetais frescos e sazonais –, carrega consigo a reputação de prezar pela alimentação saudável (Nenes, 2009b).

Os produtos à base de carne dessa região incluem a *rosette*, um salame de porco, a *andouille*, linguiça defumada com alho, vinho e cebola, e a *andouillette*, linguiça frita de intestino delgado recheada com tripas (Holland, 2015).

Como Lyon conta com as melhores trutas do país, e o Rio Ródano é onde se pesca o melhor lúcio, os peixes são usados em diversas preparações locais, cozidos em vinho ou na produção de *quenelles*, bolinhos ovais de peixe ou carne picada feitos com gema de ovo e farinha de pão (MacVeigh, 2009; Holland, 2015) e normalmente servidos com um molho parecido com *bechamel* (Holland, 2015).

Quanto aos condimentos, essa cozinha usa bastante ervas como alecrim, tomilho, manjericão, orégano, sálvia e lavanda, os quais, com o azeite e o alho, compõem o sabor dos pratos locais (MacVeigh, 2009).

Mais ao sudeste, a região é dominada pelos Alpes, sendo muito conhecida pela excelência dos produtos lácteos. Merecem menção queijos como o *tomme de Savoie* e o *comté*, semelhantes ao queijo suíço, mas mais envelhecidos (MacVeigh, 2009), assim como *vacherin*, *reblochon* e *raclette* – os mais apreciados. Inclusive, este último (*raclette* significa "raspar") é um queijo duro e amarelo-escuro muitas vezes servido derretido sobre batatas cozidas e consumido com charcutaria e picles (Holland, 2015).

Como há uma enorme variedade de queijos, também existe uma rica variedade de receitas, a exemplo do gratinado da Saboia. Trata-se de uma preparação que consiste em um gratinado de batatas com queijo fresco e duro – em geral, emprega-se o queijo suíço *gruyère* (Holland, 2015).

Outra especialidade dessa região e arredores é o *fondue*, uma mistura dos queijos *comté*, *emmental*, *vacherin* ou *beaufort* derretidos (Holland, 2015).

Com relação aos doces, destaca-se o *crème de marrons*. Feito de castanhas tipo portuguesa, ele serve como ingrediente para diversos bolos, tortas e folhados e é usado como base de pudins, como o tradicional *mont blanc*, purê de castanha coberto com *chantilly*. Há, também, os *brioches*, pãezinhos que combinam tanto com recheios salgados quanto doces, cujo exemplo mais conhecido é o *cocon de Lyon*, um enrolado com creme doce de amêndoas (Holland, 2015).

A Provença, no sudeste francês, apresenta similaridades com a cozinha italiana. Macarrão, polenta, e nhoque são pratos importantes, além do *pesto*, pasta de ervas feita com manjericão, e do *aioli*, emulsão produzida com azeite e alho (MacVeigh, 2009). Os ingredientes mais usados são azeite, alho, cebolas, alcachofras, tomates, ervas, peixes frescos, alcaparras, anchovas, azeitonas e pimentas picantes (Holland, 2015), os quais contribuem para estabelecer a identidade da cozinha provençal (Nenes, 2009b).

Os pratos confeccionados ao estilo dessa região muitas vezes são referidos como à *la bordelaise*, molho de vinho enriquecido com chalotas, tomilho e caldo (MacVeigh, 2009), ou *à provençal*, um prato com carne ou peixe cozidos em azeite, alho e salsa (Holland, 2015).

As sopas com frutos do mar são abundantes, como a *bouillabaisse*, cozida com congro, peixe-escorpião, gorgurão e outros peixes, e a *aux poissons*, feita de peixe branco, pimenta e maionese de alho (Nenes, 2009b).

Alguns dos pratos provençais mais conhecidos são: *pissaladière*, uma massa coberta com cebola, alcaparra e anchovas (MacVeigh, 2009); *bouillabaisse*, ensopado de peixe feito *à provençal* (Holland, 2015); *ratatouille*, receita de legumes cozidos que destaca as verduras e os legumes locais

(MacVeigh, 2009); e *tapenade*, pasta feita de azeitonas, alcaparras, alho e azeite e servida com pão crocante como entrada (MacVeigh, 2009).

Essa cozinha valoriza combinações de sabores simples e aprecia o domínio da técnica de deixar a carne, os mariscos, os legumes e os molhos perfeitamente no ponto (Holland, 2015). Ainda, no preparo de pernas de pato, a tradição é cozinhá-las e, depois, conservá-las em sua própria gordura, para ter mais sabor (MacVeigh, 2009).

Ainda, nessa região, é típico combinar manteiga com azeite, sumo de limão, alcaparras e salsa para fazer um clássico molho multiuso para peixes como cavala e dourada (Holland, 2015).

Com relação aos condimentos, os essenciais são salsa, tomilho, manjerona, orégano, estragão, manjericão, endro e louro, todos disponíveis na região (Holland, 2015). Já quanto aos doces, citamos o *croustade*, uma massa que cobre maçãs ou peras adoçadas (MacVeigh, 2009).

No sudoeste do país, também se encontram trufas de *foie gras*, o queijo *roquefort* e o *cassoulet*, um feijão com salsichas e carne. (MacVeigh, 2009).

No centro-oeste, encontra-se a Bacia de Paris, vasta planície fértil considerada uma das áreas agrícolas mais ricas do país, na qual vários tipos de frutas e vegetais são cultivados. Na região, são comuns as tortas de frutas, como a *tarte tatin*, originada no vale do Rio Loire, ao sul.

A caça realizada nas florestas ao leste é uma atividade bastante praticada localmente, e a carne obtida é usada na charcutaria da região. Além disso, faz-se um bom consumo de peixes de água doce, especialmente lúcios, sáveis e enguias, os quais são amplamente apresentados nos cardápios dos restaurantes, geralmente acompanhados por *beurre blanc*, a já citada emulsão de molho feito com redução de um ácido e cebolinha, à qual é misturado um tablete inteiro de manteiga fria. Ainda, as carnes de caça podem ser aproveitadas em ensopados denominados *chaudrée*.

Como a parte oeste da Bacia de Paris fica ao longo da fronteira com a Bélgica, há influência flamenga em algumas preparações. Ademais, por conta do clima predominantemente mais fresco, o cultivo de batata, repolho, beterraba, agrião, escarola e alho-poró é favorecido (Nenes, 2009b).

Em Paris, quem determina a culinária local são as regiões do entorno, pois é delas que se obtêm insumos e inspiração. Contando com muitos *chefs* estrangeiros, a região é considerada líder na preparação de alimentos inovadores, em virtude da mistura de estilos e do grande incentivo à experimentação (MacVeigh, 2009).

No nordeste, localizam-se a província de Alsácia-Lorena. Essa região montanhosa por muito tempo teve seu controle oscilando entre a França e a Alemanha, e ambas as influências se revelam nos pratos locais (MacVeigh, 2009). O repolho em conserva e a carne de porco são bastante comuns no local, a exemplo do *choucroute alsacienne*, repolho em conserva aromatizado com bagas de zimbro e servido com salsichas, *bacon* ou porco. As tortas doces e salgadas são muito apreciadas. A mais conhecida é a *tarte flambée* ou *flammekueche*, composta de uma fina camada de massa coberta com creme, cebola e *bacon* e cozida em forno a lenha.

Na porção da Alsácia, há maior influência alemã, razão por que os pratos típicos comumente incluem carne de porco, repolho, batata e macarrão. Há muitas receitas à base de chucrute, sendo algumas combinadas com carne de porco, e outras, com salsichas. A grande extensão de área com solo fértil possibilita o cultivo de grande variedade de frutas que dão origem ao *schnapps*, um destilado muito empregado em preparações doces e salgadas (MacVeigh, 2009).

Já em Lorena, embora sejam utilizados muitos dos ingredientes encontrados na culinária alsaciana, as preparações locais são mais similares às da França (MacVeigh, 2009). Exemplo disso é a *quiche lorraine*, uma das mais famosas do mundo. O preparo da massa dessa receita envolve uma importante técnica culinária francesa, a arte da pastelaria, e inclui *bacon*, ingrediente favorito dos alemães (MacVeigh, 2009). Além disso, essa região é muito conhecida pelos *madeleines*, pequenos bolinhos com sabor de limão, e pelos *macarons*, bolachinhas à base de farinha de amêndoas e merengue (MacVeigh, 2009).

Receitas típicas

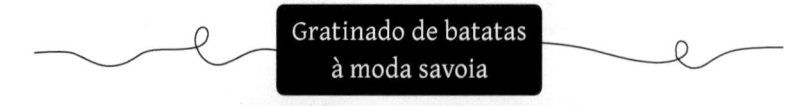

Gratinado de batatas à moda savoia

Ingredientes
- 1 kg de batatas descascadas e em rodelas (3 a 4 mm de espessura)
- 1 dente de alho
- 45 g de manteiga
- 150 g de queijo *gruyère* ralado
- ½ colher (chá) de noz-moscada moída (opcional)
- Sal marinho e pimenta-do-reino moída na hora
- 150 mL de caldo de carne ou frango

Modo de preparo
Pré-aqueça o forno a 220 °C. Utilize as costas de uma colher para amassar o alho e esfregue-o no fundo e nas laterais de um refratário grande. Em seguida, unte o refratário com ⅓ da manteiga. Disponha metade das rodelas de batata em uma camada no fundo. Em uma tigela, misture o queijo com a noz-moscada, o sal e a pimenta. Salpique metade da mistura sobre as batatas. Pique outro terço da manteiga em pedacinhos e espalhe sobre as batatas e o queijo. Em seguida, faça outra camada com o restante das batatas e repita o processo com o que sobrou do queijo

e da manteiga. Despeje o caldo no refratário. Asse o gratinado por 30 a 40 minutos e aguarde descansar por cerca de 5 minutos antes de servir.

Tapenade

Svetlana Monyakova/Shutterstock

Ingredientes
- 100 g de azeitonas pretas selecionadas sem caroço
- 50 g de *aliche* no azeite de oliva, escorrido e picado
- 2 pimentas sem sementes picadas
- 2 dentes de alho picados
- 1 colher (sopa) generosa de alcaparras
- 15 g de salsinha picada
- 15 g de cebolinha miúda picada
- 2 colheres (sopa) extras de azeite extravirgem
- 1 a 2 colheres (sopa) de creme de leite fresco (segundo a ardência da pimenta)

Modo de preparo
Coloque todos os ingredientes no processador e bata até obter um purê. Passe para uma tigela, tampe e leve para gelar. Sirva com pão fresco ou legumes crus.

> **Para saber mais**
>
> HAZAN, M. **Fundamentos da cozinha italiana clássica.**
> São Paulo: M. Fontes, 2013.
> Neste livro, Marcella Hazan apresenta um verdadeiro arsenal de clássicas receitas italianas.

Síntese

A comida proveniente do continente europeu é a que goza de maior fama mundo afora. Caracteriza-se, em sua maioria, por refeições mais pesadas, cujos molhos, frequentemente, contêm derivados do leite, além dos queijos produzidos localmente e dos cozidos de carne.

Questões para revisão

1. Em que consiste a receita portuguesa cataplana?
2. Qual é a massa feita com o famoso queijo pecorino?
3. O chucrute é uma conserva que leva quais ingredientes?
   a) Cenoura e repolho.
   b) Repolho.
   c) Repolho e cebola.
   d) Cebola e alho.
   e) Cenoura.
4. O que são os famosos *rollmops*?
   a) Filés de tilápia enrolados na conserva.
   b) Filés de pescado enrolados na conserva.
   c) Filés de arenque enrolados na conserva.
   d) Filés de tilápia dobrados na conserva.
   e) Filés de arenque dobrados na conserva.

5. Para os franceses, a culinária é uma fusão de três elementos. Quais são eles?
   a) Riqueza de ingredientes, sabedoria na maneira de usá-los e requinte nos mínimos detalhes.
   b) Poucos ingredientes, sabedoria na maneira de usá-los e requinte nos mínimos detalhes.
   c) Riqueza de ingredientes, poucas técnicas de cozinha e despreocupação com a apresentação estética.
   d) Poucos ingredientes, inteligência na maneira de usá-los e despreocupação com a apresentação estética.
   e) Diversidade de ingredientes, poucas técnicas de cozinha e despreocupação com a apresentação estética.

Questão para reflexão

1. Você já sabe que as culinárias locais refletem diretamente a disponibilidade de insumos e os aspectos geográficos. Nesse sentido, considere a cozinha brasileira e os ingredientes mais comuns utilizados nas preparações. Em que medida os elementos regionais e geográficos explicam o porquê de tais insumos serem característicos do Brasil?

Capítulo 4
Cozinha asiática: culinárias regionais e influências

Conteúdos do capítulo:
- Cozinha chinesa.
- Cozinha vietnamita.
- Cozinha indiana.
- Cozinha tailandesa.
- Cozinha japonesa.

Após o estudo deste capítulo, você será capaz de:
1. descrever as culinárias de alguns países da Ásia, bem como as influências recebidas;
2. identificar os ingredientes típicos e os pratos tradicionais regionais;
3. desenvolver as diversas técnicas de preparo das culinárias das regiões estudadas;
4. compreender o cenário gastronômico asiático.

4.1 Cozinha chinesa

Mãe da maioria das cozinhas asiáticas, a culinária chinesa se desenvolveu ao longo de milhares de anos, o que possibilitou aos chineses descobrir e cultivar uma ampla variedade de ingredientes (Tigre, 2022). Repleta de terras cultiváveis e aráveis, a China desenvolveu muito sua agricultura (Junru, 2018).

Na China, dá-se grande importância à mistura equilibrada de cores, texturas e sabores. Nesse sentido, doce, salgado, ácido, picante, amargo e adstringente precisam coexistir sem que nenhum deles sobressaia (Tigre, 2022). O princípio, portanto, é buscar a harmonia entre os principais sabores (Kanashiro, 2018).

Além disso, para os chineses, a comida e os ingredientes utilizados têm um papel terapêutico, quase como se fossem medicamentos. A manutenção da boa saúde dos nativos implica a adoção de medidas preventivas. Em razão disso, os alimentos que fazem parte da rotina alimentar devem preservar e cultivar a saúde do corpo, mantendo, desse modo, o equilíbrio entre *yin* e *yang* (Holland, 2015). Nessa perspectiva, existem os alimentos *yin*, que são frescos e contêm água, e os *yang*, que carregam ingredientes mais fortes, como ervas e especiarias picantes (Tigre, 2022).

Na cozinha chinesa, as refeições têm de incluir, obrigatoriamente, carne de porco, de ave, peixes e legumes. Com relação aos carboidratos, os principais são arroz, pão de trigo (ao norte) e panquecas (na porção central) (Kanashiro, 2018).

Ingredientes típicos, pratos tradicionais regionais e principais técnicas de preparo

Em razão do clima adequado para o cultivo, o sul da China tem no arroz um de seus alimentos prediletos, especialmente por razões nutritivas. (Tigre, 2022). Esse cereal, geralmente cozido no vapor (Holland, 2015), é o ingrediente de base para a preparação, principalmente, de insumos intermediários, como macarrão, panquecas e bolos (Junru, 2018).

Ao norte do país, o macarrão é o alimento mais consumido, e o trigo é o principal insumo cultivado (Tigre, 2022). Por ter sido o primeiro cereal plantado na região, tornou-se base para muitas das preparações do cardápio chinês (Junru, 2018).

Quanto às proteínas, os chineses não costumam consumir carnes regularmente (Holland, 2015) – da vaca, por exemplo, nem mesmo o leite é aproveitado. Ademais, o gado, quase inexistente, é usado para o trabalho no campo. A carne suína é a mais comum, e a carne de frango, a mais versátil, pois serve de insumo para uma grande variedade de preparações (Tigre, 2022). A dieta chinesa é baseada em grãos; as carnes, em geral, são alimentos complementares (Junru, 2018).

Na gastronomia da China, é bastante comum o emprego da soja e de seus derivados, fontes proteicas que substituem a carne. De extrema versatilidade, ela é usada tanto em sua forma natural, isto é, em grãos, quanto em produtos nos quais é insumo, a exemplo de farinha, óleo, leite, margarina, queijos, tofu e condimentos (Kanashiro, 2018). De todos os grãos que constituem a cozinha chinesa, a soja é o que tem maior importância, uma vez que é matéria-prima para a produção do tofu, a proteína de preferência da população chinesa (Tigre, 2022). As favas da soja, ou edamames, são cozidas e servidas em saladas (Kanashiro, 2018)

Como os chineses foram os inventores das primeiras incubadoras de ovos, não é de surpreender que estes também sejam comuns nas preparações locais (Junru, 2018). Os ovos podem substituir carnes e/ou peixes ou serem preparados de maneiras diversas: de simples omeletes a receitas que levam outros ingredientes, como verduras, legumes e outras proteínas (Tigre, 2022).

Na China, há infinitas variedades de cogumelos e couves, insumos que servem de guarnição para várias preparações, promovendo-lhes equilíbrio e sabor. Entre os primeiros, destacam-se o *shimeji* e o *shitake*.

Por sua vez, as couves, como a tronchuda e a *gai-ian*, servem como acompanhamento para carnes; a *gai choy*, folhosa conhecida como mostarda chinesa, é utilizada em salmouras ou em preparações picantes, por seu sabor amargo. Outro vegetal da família das mostardas, a *choy sum* tem formato alongado e flores amarelas, e embora suas folhas sejam comestíveis, suas hastes internas são mais apreciadas, em virtude de seu sabor levemente amargo. Estas, quando servidas, acompanham molho de ostras (Kanashiro, 2018).

A variedade de vegetais usados nessa gastronomia é enorme, dos quais os mais recorrentes são os seguintes: broto de feijão, repolho, cenoura, couves, cogumelos, aipo, pepino, alface e cebola (Tigre, 2022). As frutas normalmente não são consumidas nas refeições, ou são utilizadas para temperar pratos com carne e frango. A lichia, de sabor bem doce, é geralmente misturada a receitas salgadas que levam carnes ou peixes, mas também pode ser incorporada em saladas de frutas frescas ou utilizada para fazer conservas (Kanashiro, 2018). E o abacaxi em conserva é muito apreciado em molhos agridoces (Tigre, 2022).

Ainda, a China é um país no qual se evita o uso demasiado de condimentos, já que sua culinária foca em realçar os sabores naturais dos ingredientes, e não em transformá-los (Tigre, 2022). Caracteristicamente, as preparações salgadas levam generosas pitadas de sal, normalmente adicionado em molhos como *shoyu* ou molho de peixe (Holland, 2015).

Ademais, em toda a gastronomia chinesa, o molho de soja, o vinho de arroz e o óleo de gergelim torrado são indispensáveis (Tigre, 2022). Exemplo de insumo recorrente nas receitas nacionais é o *hoisin*, um molho grosso, açucarado e condimentado feito de grãos de soja (Kanashiro, 2018). Outros ingredientes tradicionais são gengibre, cebolinha e alho, para agregar sabor aos pratos, assim como camarão seco, caldo de galinha e *shitake* (Tigre, 2022).

As pastas são empregadas para realçar principalmente o sabor de carnes e podem ser usadas como condimentos. Em geral, são produzidas a partir da fermentação de grãos de soja acompanhadas de trigo e água salgada. A depender dos ingredientes adicionados a essa mistura, o gosto das pastas pode variar do suave ao forte (Kanashiro, 2018).

Além da aplicação de diferentes temperos, os modos de preparar algumas receitas chinesas também variam: ao vapor, grelhado, refogado ou frito (Kanashiro, 2018). Todavia, o método mais comum é o cozimento a vapor, uma vez que preserva praticamente todas as vitaminas e os sais minerais dos insumos, resultando em um alimento de sabor acentuado e textura firme (Tigre, 2022).

Os pratos locais são normalmente preparados em lenha ou combustível – os quais, além de proporcionarem cozimentos diferentes, acrescentam um sabor defumado aos alimentos (Holland, 2015).

Na cozinha chinesa, há o costume de adicionar uma mistura de amido de milho dissolvido em água ao preparo de alguns pratos, para engrossar os molhos (Tigre, 2022). Ademais, as verduras e os legumes nunca são servidos crus, ou seja, obrigatoriamente devem passar por alguma técnica de cocção, para garantir o realce do sabor e das cores sem afetar a textura (Tigre, 2022).

A tendência é cozinhar os alimentos juntos – carnes, legumes e verduras – em uma mesma panela. A eficácia dessa técnica demanda que os insumos estejam em tamanhos iguais, a fim de que cozinhem simultaneamente e não se desmanchem (Tigre, 2022). Nesse sentido, a preferência é pelo uso da *wok*, uma panela de ferro com formato de bacia e fundo arredondado e que é utilizada para preparar inúmeras receitas chinesas (Kanashiro, 2018).

Esse processo consiste em selar os alimentos a altas temperaturas, conferindo-lhes mais sabor e um leve amargor (Holland, 2015). Para tanto, os óleos são ingredientes essenciais, na medida em que também agregam sabor às preparações. Os mais comuns são de amendoim, canola, milho e girassol (Holland, 2015).

No dia a dia, antes das refeições, os chineses costumam consumir uma tigela de picles, para abrir o apetite (Tigre, 2022), e durante elas, um caldo que tem o intuito de saciar a sede (Kanashiro, 2018).

Receita típica

Molho agridoce

Rendimento: ¼ xícara

Ingredientes

- ½ xícara (chá) de vinagre de arroz
- 1 colher (sopa) de açúcar mascavo ou ½ de adoçante para forno e fogão
- 2 dentes de alho picados
- 1 colher (chá) de amido de milho
- 4 colheres (chá) de água

Modo de preparo
Ferva a mistura de todos os ingredientes, mexendo sempre até encorpar e homogeneizar.

4.2 Cozinha vietnamita

O Vietnã não é apenas repleto de belezas naturais e culturais, em razão das belas paisagens e das diversas culturas que convivem em seu território. O país também é conhecido por sua cozinha colorida, saudável e cheia de sabores (Lien, 2016).

Durante muitos anos, por conta da longa dominação exercida pelos chineses, muitos dos ingredientes vietnamitas mais populares foram transportados diretamente para Pequim; consequentemente, os nativos se viram forçados a improvisar suas receitas utilizando o que lhes restava (Holland, 2015).

Contudo, a chegada dos franceses ao país tornou intenso e frequente o consumo de carne entre os nativos. Assim, a presença dos europeus proporcionou um incomparável avanço gastronômico ao Vietnã (Holland, 2015). Exemplos dessa influência são a adoção da baguete – que depois seria transformada em um pão macio e fofinho, feito de farinha de arroz, chamado de *banh mi* – e a introdução de diversos vegetais, como batata, cenoura, alcachofra, cebola e aspargo, além do uso de manteiga e vinho em algumas preparações (Lien, 2016).

Atualmente, os peixes e os grãos formam a base da dieta alimentar no Vietnã, em virtude da abundância de rios, mares e terras apropriadas para cultivo, além dos climas favoráveis (Kanashiro, 2018).

Por fim, assim como ocorre em outras localidades já estudadas, a gastronomia vietnamita varia conforme a região. Ao norte do país, são mais presentes as influências chinesas, ao passo que o sul absorveu especialmente traços das culinárias cambojana e francesa (Lien, 2016).

Ingredientes típicos, pratos tradicionais regionais e principais técnicas de preparo

O Vietnã apresenta ampla variedade de cozinhas regionais. Sob essa ótica, a identidade de sua gastronomia é fruto da mescla das especialidades locais: a culinária simples do norte, a sofisticação e o requinte da região central e a diversidade de preparações doces e picantes ao sul. Essa variedade é decorrente das influências de países como França, China e Índia, entre outros localizados no Sudeste Asiático (Lien, 2016).

Em geral, os requisitos essenciais nessa cozinha são estes: priorizar os sabores originais, manter a autenticidade, ser refinado e delicado. A maioria dos alimentos são servidos crus ou levemente cozidos (Holland, 2015). Nessa perspectiva, a culinária do Vietnã se diferencia da de outras nações do sudeste da Ásia por utilizar abundantemente ervas e plantas aromáticas (Kanashiro, 2018). A simplicidade da cozinha vietnamita permite, até mesmo, preparar uma refeição completa utilizando somente uma panela *wok*.

Um exemplo clássico de como a gastronomia vietnamita é minuciosa, delicada e aromática é a sopa *pho*, composta de um caldo extremamente saboroso, acompanhado de algumas guarnições. A construção de sabores dessa receita se inicia ao assar os ingredientes anis, canela e gengibre, os quais, após assados, devem ser mantidos por um dia inteiro em infusão em um filtro de chá, para que os sabores se misturem e se incorporem ao caldo (a carne é acrescentada apenas poucas horas antes de servir). Posteriormente, adiciona-se o macarrão, que cozinha por 30 segundos, e, para finalizar, são aplicadas algumas guarnições como brotos de feijão e ervas frescas. No momento de servir, as principais ervas empregadas são o coentro, o manjericão tailandês, ou raspas de limão. Trata-se de um caldo leve, já que não leva gordura em seu preparo (Holland, 2015). Receitas como essa renderam à culinária vietnamita fama internacional, razão pela qual a gastronomia do país se tornou nutricionalmente reconhecida, além de saborosíssima e impecável em suas apresentações (Lien, 2016). Ademais, essa receita ainda representa um claro exemplo da fusão de culturas e técnicas, na medida em que combina o jeito francês de fazer caldos com os sabores e ingredientes do Vietnã (Lien, 2016).

Ademais, há grande variedade de tipos de macarrão. Embora cada um apresente especificidades, a maioria é versátil e pode ser empregada em diversos caldos e sopas (Kanashiro, 2018).

Mesmo com a existência de diferentes tradições culinárias no Vietnã, em todas as regiões costuma-se usar carnes para agregar sabor aos pratos (Kanashiro, 2018). Ainda, o clima influencia diretamente a disponibilidade de insumos, o que também contribui para as variações nas preparações de cada localidade (Lien, 2016).

No Vietnã do Norte, é comum que a sopa *pho* seja feita com caldo de carne de boi temperado, composto de pedaços de carne bovina, *nuoc-mâm*, gengibre, cebolas ou chalotas, algumas especiarias, bem como folhas de coentro, são adicionadas para finalizar o prato (Kanashiro, 2018). Para além da *pho*, o consumo do peixe cozido denominado *cha ca* é recorrente no país (Lien, 2016).

O *nuoc-mâm* é um molho cor marrom produzido pelo processo de fermentação de camadas de peixe e dá origem a uma pasta cujo líquido é extraído (suco de peixe) e utilizado para compor marinadas, molhos e cozidos, também a fim de destacar o sabor das receitas (Kanashiro, 2018). A receita mais famosa da região é o *cha tom*, que consiste em camarão embrulhado (Lien, 2016).

Por sua vez, no centro do país, a preparação mais conhecida é o *bun bo hue*, macarrão de arroz com carne vermelha acompanhado de pasta de peixe (Kanashiro, 2018).

Na porção ao sul, graças ao clima local, as épocas de colheita são mais duradouras e, com efeito, há maior disponibilidade e variedade de insumos, razão pela qual os nativos da região baseiam sua alimentação em frutas, legumes e verduras (Lien, 2016). A preparação mais apreciada no local é o *nem chua*, uma pasta de lombo cru temperada. A receita acompanha fatias de pele de porco que, antes de serem servidas, permanecem uma semana embrulhadas em peles de bananeira (Kanashiro, 2018). Além disso, na região, o açúcar e a cana-de-açúcar são utilizados com certa frequência (Lien, 2016).

Os vietnamitas costumam fazer três refeições diárias – assim como em outras regiões asiáticas, eles utilizam os *hashis*. Uma curiosidade, entretanto, diz respeito ao fato de que, no Vietnã, não se diferencia a entrada do prato principal, ou seja, as receitas são servidas ao mesmo tempo. O arroz cozido é consumido no almoço e no jantar, e embora esta última seja considerada a refeição mais importante, em geral não é tão diferente do almoço (Kanashiro, 2018).

De todo modo, normalmente, as refeições são compostas de arroz e um prato principal, que pode ser peixe e alguns mariscos, carne com refogado de legumes ou raízes, ou sopa de legumes ou raízes (Lien, 2016). Ainda, o arroz, de grãos longos e estreitos, pode ser cozido no vapor, em panela de pressão ou ser um ingrediente para a produção de panquecas para embrulhar rolinhos e pastas (Kanashiro, 2018).

Outro ingrediente muito recorrente na cozinha vietnamita é o amendoim, o qual é utilizado de diversas maneiras: tostado, amassado ou picado. Além disso, o óleo extraído desse insumo é o preferido da população para refogar e grelhar.

Com relação aos condimentos, a erva-cidreira costuma ser empregada para realçar o sabor dos pratos agridoces. Por sua vez, algumas saladas e sopas são enriquecidas com manjericão, que lhes proporciona um sabor cítrico. Já nos legumes, a hortelã é a erva mais usada (Kanashiro, 2018).

Normalmente, as sobremesas são bastante aromáticas, a exemplo de mingaus à base de arroz cremoso aromatizados com baunilha ou coco, bem como de gelatinas feitas com ágar-ágar (Kanashiro, 2018). E a banana é a fruta favorita dos vietnamitas para o preparo de doces (Kanashiro, 2018).

Receitas típicas

Bolo de banana

Ingredientes
- 600 g de banana-nanica madura
- 150 g de açúcar
- 50 g de açúcar mascavo
- 200 mL de leite de coco
- ¼ de colher (sopa) de canela em pó
- ¼ de colher (sopa) de cravo em pó
- 30 g de manteiga
- 6 fatias de pão de forma sem casca

Modo de preparo

Descasque e corte as bananas em fatias, no sentido do comprimento. Polvilhe-as com metade do açúcar, o açúcar mascavo, a canela em pó e o cravo em pó. Em uma panela, junte o leite de coco e o restante do açúcar e leve ao fogo a mistura até que o açúcar se dissolva completamente. Despeje esse leite de coco em uma vasilha e utilize-o para molhar as fatias de pão. Unte uma forma de 20 cm de diâmetro. Faça camadas alternadas com as bananas e o pão e termine o processo com uma camada de banana. Derreta a manteiga em uma panela pequena, sem deixar escurecer. Despeje a manteiga derretida sobre as bananas montadas. Cubra com papel-alumínio e leve ao forno pré-aquecido em banho-maria (aproximadamente, 180 °C) por 1 hora. Retire o papel-alumínio e deixe assar por mais 10 minutos. Tire do forno e espete um palito no centro. O bolo deve estar cremoso por dentro e dourado por fora. Aguarde descansar por, no mínimo, 6 horas antes de cortar.

Sopa vietnamita de carne

Rendimento: 6 porções

Ingredientes
- 1,5 kg de tutano de boi
- 750 g de rabo de boi

- 1 kg de carne de peito
- 4 a 5 chalotas cortadas ao meio
- 1 pedaço (5 cm) de gengibre fatiado
- 1 colher (sopa) de coentro em grãos
- 5 bagas de cardamomo
- 3 unidades de anis-estrelado
- 12 talos de cebolinha picados
- 25 g de coentro picado
- 200 g de macarrão de arroz seco
- 75 mL de molho de peixe
- 50 g de açúcar
- 25 g de sal
- Pimenta-do-reino moída na hora

Para guarnecer
- Gomos de limão
- Punhado de brotos de feijão
- Molho *hoisin*

Modo de preparo

Em uma tigela grande, coloque as carnes, o tutano e os ossos. Junte uma pitada de sal, cubra com água e deixe de molho por 2 horas. Depois, lave e seque levemente. Pré-aqueça o forno a 200 °C. Em uma assadeira, disponha as chalotas, o gengibre, o coentro em grãos, o cardamomo e o anis-estrelado e leve ao forno por 15 minutos, chacoalhando a assadeira de vez em quando para não queimar. Coloque o tutano em uma caçarola, cubra com água e deixe ferver. Então, baixe o fogo, cozinhe por 30 minutos e remova a espuma da superfície até o caldo ficar claro. Torne a cozinhar por mais 1 hora e, em seguida, acrescente o rabo de boi. Em um pilão grande, soque o anis-estrelado, o coentro em grãos, o cardamomo, o gengibre e as chalotas assados. Deposite a mistura em um pano fino ou musselina, amarre firmemente e coloque na panela. Cozinhe por mais 30 minutos e, em seguida, adicione a carne de peito. Quando voltar a ferver, baixe o fogo e retire a espuma mais uma vez. Cozinhe por mais 2 horas e 30 minutos. Enquanto isso, cozinhe o macarrão de arroz, conforme as instruções da embalagem, e reserve. Retire toda a carne e descarte os ossos. Disponha as carnes de peito e de rabo na água fria para esfriar. Na sequência, coloque em um escorredor sobre uma tigela para coletar o caldo que escorrer, até que a carne esteja bem seca. Em seguida, fatie a carne de peito. Separe a carne de rabo dos ossinhos e descarte a gordura. Tempere o caldo com o molho de peixe, açúcar e sal. Despeje o macarrão em uma tigela para servir, acrescente um pouco das carnes de peito e de rabo e salpique com coentro e cebolinha picados. Por cima, derrame algumas conchas de caldo, salpique com pimenta-do-reino e guarneça com mais ervas frescas, brotos de feijão, gomos de limão e molho *hoisin*.

4.3 Cozinha indiana

A Índia é uma nação de extenso repertório cultural, muito em virtude da coexistência de religiões e das influências de diferentes colonizadores. Não por acaso, a gastronomia indiana é uma das mais diversificadas e exportadas do mundo.

O país apresenta uma população miscigenada, formada por hindus, budistas, muçulmanos e brâmanes – embora mais de 80% da população seja hindu. Essa religião tem como princípio a veneração às vacas, razão pela qual o consumo de carne é proibido. Por conta disso, há grande diversidade de receitas vegetarianas. Contudo, o consumo de leite e derivados é permitido e até mesmo incentivado (Kanashiro, 2018).

Assim como os hindus, os budistas não costumam comer carne, o que estimula a produção de receitas vegetarianas na Índia (Bhumi, 2013). Os muçulmanos não consomem porco, e os brâmanes ortodoxos não ingerem nenhum tipo de carne, ou seja, são vegetarianos, além de não empregarem alho nem cebola em sua culinária, por serem ingredientes proibidos (Kanashiro, 2018).

Ingredientes típicos, pratos tradicionais regionais e principais técnicas de preparo

No norte da Índia, destacam-se os laticínios e seus derivados, bem como mostarda e carne de cordeiro. Os alimentos mais consumidos pela população local são o *ghee* e o *paneer* (sobre os quais falaremos adiante), além de cremes, como iogurte, e o de leite (Kanashiro, 2018). Por sua vez, o sul indiano, demarcado pelo litoral, é caracterizado por sua cozinha picante, em cujas preparações o coco é o insumo de maior destaque (Holland, 2015).

A mistura de cores, texturas e aromas desperta os sentidos de todos aqueles que entram em contato com a culinária indiana. A esse respeito, os pratos e ingredientes mais populares são o pão *naan* e o arroz *basmati*.

O *naan* é um tradicional pão caracterizado por seu formato achatado e por sua maciez. É preparado no *tandoor*, forno de argila colocado sobre as brasas e usado para assar pães e cozinhar alguns pratos marinados (Kanashiro, 2018). Esse pão acompanha praticamente todas as refeições indianas (Freixa; Chavez, 2017) – não raro, é utilizado como "talher" (Holland, 2015).

Já o arroz *basmati* (tipicamente indiano), por ser cultivado há mais de 3 mil anos, tornou-se o alimento básico dos nativos (Bhumi, 2013), sendo amplamente usado como acompanhamento ou compondo a base do típico *biryani* (Holland, 2015).

Na cozinha indiana, os derivados do leite também são muito utilizados em preparações, a exemplo do *paneer*, tipo de queijo de leite coalhado que é prensado, cortado em quadrados e frito, para acompanhar pratos de legumes ou receitas salgadas no geral (Freixa; Chavez, 2017). O *ghee* é um tipo de manteiga largamente utilizada nas preparações dessa cozinha, para fritar ou como condimento (Freixa; Chavez, 2017).

Em razão de ser uma importante fonte proteica, o iogurte é um ingrediente essencial para os nativos – sem ele, a culinária da Índia não pode ser considerada completa (Bhumi, 2013). Ele pode ser consumido como uma simples sobremesa ou acrescentado a bebidas como a *lassi*, que além de ser feita com o ingrediente, é aromatizada com alguma especiaria – geralmente, cardamomo – e pode ter sabor doce ou salgado. Normalmente, ela é servida bem gelada, para suavizar o ardimento costumeiro de receitas apimentadas (Kanashiro, 2018).

Na cozinha indiana, as especiarias e os condimentos mais usados são o cravo e a canela, indispensáveis nas misturas de especiarias (Kanashiro, 2018), bem como folhas de louro, pimentas, cominho, gengibre, coentro, cúrcuma, erva-doce e grãos de mostarda (Bhumi, 2013). Aliás, esses insumos integram o tempero *curry*, que originalmente consiste em uma mistura (*masala*) dessas especiarias com folhas frescas de *curry* (Kanashiro, 2018). Há, porém, variedades dessa base amplamente utilizadas na culinária local. Os indianos incorporam o *curry* em todas as preparações refogadas que levem molho, especiarias e ervas (Bhumi, 2013).

Também conhecida como açafrão-da-índia, a cúrcuma (preferencialmente, suas folhas frescas) costuma ser bastante utilizada para enriquecer *curries*, lentilhas e feijões, pois adiciona picância e cor às receitas (Kanashiro, 2018). Já a canela e o cravo são empregados para realçar as principais misturas de especiarias (Kanashiro, 2018).

O cardamomo é ingrediente para *curries* e diversas *masalas* (Kanashiro, 2018), e as pimentas, especialmente as frescas, estão incluídas em quase todos os pratos (Bhumi, 2013). Ainda, os grãos de cominho, em virtude de seu aroma delicadamente acre, costumam ser usados para destacar o sabor de *masalas*, bebidas lácteas e iogurtes (Kanashiro, 2018).

Ademais, um tempero muito utilizado no país é o *garam masala*, usualmente composto de cominho, cardamomo, cravo, canela e noz-moscada. No entanto, ao sul da Índia, essa preparação pode apresentar variações que levam pimentas verdes, coco e cebola (Bhumi, 2013).

Para realçar o sabor de purês, cozidos e algumas sobremesas, usa-se noz-moscada ralada; em molhos, sopas e outras misturas com especiarias, costuma-se empregar macis – fibra que cobre a casca da noz –, que carrega um sabor amargo (Kanashiro, 2018).

Na Índia, um dos alimentos prediletos da população são os *chutneys*, pastas açucaradas e condimentadas que resultam do cozimento de frutas, como manga, maçã, pera, pêssego, abacaxi, damasco ou goiaba, ou de hortaliças, como cenoura, tomate e pimentão (Bhumi, 2013), além de vinagre e especiarias, servindo como acompanhamento de frituras, pratos principais e arroz (Kanashiro, 2018).

Por fim, no que concerne às bebidas, os indianos têm preferência pelo consumo de chás, geralmente, com açúcar, mas também podem ser misturados com leite ou especiarias. Quanto às bebidas alcoólicas, sua ingestão é indicada para quem aprecia sua combinação com receitas muito condimentadas (Kanashiro, 2018).

Receitas típicas

Frango Tikka Masala

Ingredientes
- 1 frasco de molho Tikka Masala
- 1,5 kg de leite de coco em pó
- 600 g de peito de frango sem pele e cortado em cubos

- 1 cebola
- 2 dentes de alho
- 3 tomates maduros
- 3 colheres (sopa) de polpa de tomate
- 3 colheres (sopa) de óleo para *wok*
- 1 ramo de coentro
- Sal e picante a gosto

Modo de preparo

Descasque a cebola e os alhos e pique tudo. Leve ao fogo o *wok* com o óleo e deixe aquecer. Junte a cebola e o alho picado, mexa e aguarde cozinhar até a cebola ficar macia. Enquanto isso, lave e corte o tomate em cubos e incorpore-o à cebola. Deixe cozinhar até o tomate começar a se desfazer. Adicione os cubos de frango e a polpa de tomate. Misture e espere cozinhar por 5 minutos, mexendo de vez em quando. Acrescente o molho Tikka Masala, misture e deixe ferver durante 5 minutos. Despeje o leite de coco, mexa e verifique o sal e a pimenta. Aguarde cozinhar em fogo brando ao longo de 10 minutos. Sirva polvilhado com folhas de coentro e acompanhado com arroz branco *basmati*.

Curry

Ingredientes

- 3 colheres (sopa) de açafrão-da-terra (cúrcuma)
- 1 colher (sopa) de coentro moído
- 1 colher (sopa) de cominho moído
- 1 colher (chá) de gengibre moído
- 1 colher (chá) de cardamomo moído
- 1 colher (chá) de canela moída
- 1 colher (chá) de pimenta vermelha em pó
- 1 colher (chá) de erva-doce
- 1 colher (chá) de cravo moído
- ½ colher (chá) de noz-moscada ralada

Modo de preparo

Misture tudo e mantenha em um local fresco e seco.

4.4 Cozinha tailandesa

Em virtude da grande influência budista na Tailândia, a culinária nacional faz muito uso de carne de peixes, muitas vezes ocupando o lugar da carne de outros animais – fato justificado pela proibição do abatimento de mamíferos (Holland, 2015).

Muito do que se pratica na gastronomia tailandesa diz respeito a receitas e técnicas de preparo de origem chinesa, as quais passaram por um processo de rebuscamento e individualização (Tigre, 2011). Técnicas de fritura salteada e por imersão são nacionalmente populares e estão presentes em diversas preparações, a exemplo do arroz frito com ovo (Holland, 2015). Ademais, a técnica de refogar os alimentos em uma *wok* (sempre com algum tipo de molho, pasta ou *curry*), contribuição chinesa dos anos 1700, também é bastante difundida (Oliveira, 2019), além do cozimento no vapor, que dá origem ao famoso *sticky rice* (Oliveira, 2019).

Acerca dos ingredientes, o macarrão, também legado chinês, é relevante na culinária local, sendo empregado em diversas refeições dos tailandeses (Tigre, 2011).

Já da África, foi incorporado o tamarindo, que produz uma pasta azedinha usada em vários pratos (Kanashiro, 2018). Ácida, a fruta é representante do *sour*, um dos fundamentos das preparações tailandesas (Oliveira, 2019).

Por fim, da Índia, além do uso do leite de coco, a cozinha tailandesa incorporou alguns traços às preparações de pastas de *curry*, que descendem das *massalas* indianas (Tigre, 2011).

Ingredientes típicos, pratos tradicionais regionais e principais técnicas de preparo

O arroz é componente indissociável do cotidiano alimentar do país (Kanashiro, 2018), por se tratar de uma referência cultural. Por isso, trata-se de um alimento presente em todas as casas, bem como em restaurantes e demais estabelecimentos que produzem refeições (Oliveira, 2019).

O arroz preferido dos tailandeses é o branco polido (Tigre, 2011), o qual pode ser cozido a vapor, em cestos de bambu ou em panelas sob pressão (Kanashiro, 2018). Basta seguir uma regra: não se pode mexê-lo enquanto ele cozinha (Tigre, 2011). Esse processo cuidadoso dá origem ao famoso *stick rice*, arroz pegajoso e grudento (Oliveira, 2019).

O arroz pode ser servido acompanhado ou não de *curry* ou carne de peixe frita e legumes. O *curry* pode ser feito de carne de porco ou de aves. Os legumes mais usados são berinjela, acelga, broto de feijão e brócolis (Kanashiro, 2018). Como o arroz é a comida mais consumida no país, todos os outros pratos são coadjuvantes (Oliveira, 2019). Além disso, em cada região, a preparação do cereal é diferente: ao norte, ele fica mais pegajoso e empapado; no centro, sua porção é maior, mais pronunciada; ao sul, é mais aromático e simples (Holland, 2015).

Assim como o arroz, as sopas fazem parte da cultura alimentar dos tailandeses. Ingredientes centrais nas refeições, elas são caracteristicamente frescas e leves (Tigre, 2011).

Para preparar o *curry* tailandês, utiliza-se uma pasta composta de ervas frescas que, misturadas ao leite de coco ou a um caldo de legumes, é adicionada às receitas, dando origem a pratos extremamente saborosos (Tigre, 2011). Ademais, a pimenta escolhida, seja a amarela, a verde ou a vermelha (a mais forte), afeta a tonalidade dessa pasta e sinaliza a picância do prato (Kanashiro, 2018; Tigre, 2011).

Com relação às carnes, a bovina é a menos popular na Tailândia. Os habitantes costumam consumir mais pescados e frutos do mar, bem como as carnes de frango e, a favorita, de porco (Oliveira, 2019).

Entre os tipos de macarrão, o mais conhecido e recorrente na culinária local é feito de arroz. Um exemplo, marca registrada da cozinha tailandesa, é o *pad thai* (Tigre, 2011), um macarrão finíssimo de arroz que é refogado em alho e cebolinha e, depois, misturado a diversos ingredientes agridoces e salgados. Na versão mais tradicional, também leva *tofu* frito, picles de rabanete agridoce, broto de feijão e amendoim torrado (Tigre, 2011). Criado por uma iniciativa governamental de puro patriotismo, o prato se tornou tão apreciado que nunca mais saiu do cardápio tailandês, sendo, posteriormente, exportado e disseminado mundo afora. O nome da receita denota sua origem, já que o significado de *pad thai* é "nova nação" (Oliveira, 2019).

Quanto aos condimentos, a pimenta é amplamente utilizada, em diferentes tamanhos e graus de picância (Kanashiro, 2018). No nordeste do país, em razão da ausência de solos cultiváveis, as pimentas são usadas secas, e,nas demais regiões, a versão fresca é mais consumida (Oliveira, 2019).

Os tailandeses são muito orgulhosos de seus molhos, sendo o *nam pla* (molho de peixe) base de muitos deles. Com um sabor muito parecido com o molho de soja, é um dos ingredientes mais utilizados (Tigre, 2011).

Esse molho remete ao *nuoc-mâm* vietnamita, pois também leva folhas de coentro, aplicadas na finalização das receitas (Kanashiro, 2018).

Já o *nam prik*, presente em todas as refeições, é um molho bem versátil, feito à base de pimentas, alho e legumes, e pode ser misturado com peixe ou camarão triturados – nenhuma preparação pode ser concebida sem ele (Kanashiro, 2018). Não à toa, as frituras tailandesas sempre são acompanhadas de molhos, com o objetivo de contrabalancear o excesso de oleosidade (Oliveira, 2019).

Ademais, condimentos como alho, capim-limão e coentro são também frequentes na culinária tailandesa (Holland, 2015), além do manjericão tailandês e do anis, essenciais no preparo de *curries* e sopas (Holland, 2015).

O alho usado na gastronomia nacional tem gosto mais pronunciado e marcante (Kanashiro, 2018). Em geral, é pequeno, delicado, sem bulbos e levemente apimentado, com maior concentração de óleos (Oliveira, 2019). É comum que as receitas contenham diversos dentes de alho ou uma mistura de temperos na qual ele é o principal insumo (Tigre, 2011). Ainda, pode ser encontrado em forma de salmoura, para ser utilizado em saladas (Kanashiro, 2018).

Em suma, os ingredientes essenciais para os preparos *thai* são os seguintes: molho *nam pla*, gengibre, folhas de coentro, pimentas, coco, alho e um toque cítrico, que pode ser obtido de raspas de limão ou de folhas de frutas cítricas (Tigre, 2011), proporcionando um sabor azedo decisivo para o equilíbrio das receitas e que, com efeito, combina demasiadamente com peixe (a proteína mais comum) e com outros ingredientes regionais, como frutos do mar (Holland, 2015).

Outro insumo bastante recorrente na cozinha nacional é o açafrão, que pode ser usado seco ou fresco e é empregado em pratos de *curry*, principalmente no sul do país (Oliveira, 2019).

Os tailandeses, comumente, fazem três refeições: para iniciar o dia, bebem uma sopa ou comem uma tigela de arroz acompanhada de legumes; no almoço e no jantar, consomem macarrão de arroz cozido em caldo picante (Kanashiro, 2018). Os insumos, em geral, são cortados em pedaços pequenos, o que torna seu cozimento mais rápido (Tigre, 2011).

Receitas típicas

Molho *nam pla* vegetariano

Ingredientes
- 1 ½ xícara (chá) de água
- ⅔ xícara (chá) de molho de soja
- 2 colheres (chá) de alga *wakame* (deixada de molho em água por 20 minutos)
- 1 tomate seco

Modo de preparo
Misture todos os ingredientes em uma panela e deixe levantar fervura em fogo médio. Depois, espere esfriar e coe.

Arroz pegajoso (*stick rice*)

Ingredientes
- 2 xícaras (chá) de arroz jasmim
- Água (o necessário)

Modo de preparo
Coloque o arroz em um *bowl* e complete com água. Deixe descansar por algumas horas ou, se possível, da noite para a manhã. Então, cozinhe o arroz no vapor por aproximadamente 25 minutos. Tenha atenção ao tempo de cozimento: o arroz deve ficar grudento, mas não pastoso. Retire do vapor e espere esfriar um pouco mais. Se desejar, adicione sal a gosto. Sirva em seguida.

4.5 Cozinha japonesa

Na culinária japonesa, por muito tempo existiu uma notável influência budista (Tigre, 2011). Como decorrência dessa relação, os nativos não têm o costume de consumir carne vermelha, já que a religião proíbe tal prática (Holland, 2015). O território do Japão é cercado por mares, razão pela qual a maioria das receitas locais leva frutos do mar (Motta; Silvestre; Brotherhood, 2006).

Ainda em decorrência da influência do budismo, os japoneses incorporaram o sistema estético denominado *wabi-sabi*, cuja premissa é aperfeiçoar o que já existe, lidando com aquilo que é incompleto, imperfeito e transitório de modo primoroso. Nessa ótica, tal sistema tem a beleza como princípio, cultuada em todas as áreas. Uma simples tigela de arroz, por exemplo, deve ser provida de atrativos – tal como gergelim salpicado sobre o alimento (Tigre, 2011).

Dos portugueses, os japoneses absorveram técnicas de preparo, como a de empanar em farinha de trigo para fritar, que posteriormente deu origem à notória preparação denominada *tempura* (Tigre, 2011).

Herança dos chineses, outra importante contribuição para a culinária local foi a soja, a qual atualmente representa um ingrediente essencial para os japoneses. Várias receitas com soja foram incorporadas ao repertório gastronômico local, tais como *tofu*, missô e *shoyu* (Motta; Silvestre; Brotherhood, 2006), ao lado do macarrão de soja (Tigre, 2011).

Já o arroz, principal prato dos japoneses, foi agregado à cozinha nacional graças aos plantios de tribos coreanas (Tigre, 2011). O país conta com apenas 15% de terra própria para a agricultura. Por isso, os habitantes priorizam o cultivo de alimentos com mais proteínas (Motta; Silvestre; Brotherhood, 2006).

Por fim, o *curry*, legado dos ingleses, dá vida a diversas preparações, tais como arroz com *curry*, *udon* com *curry* e massas recheadas (Motta; Silvestre; Brotherhood, 2006).

Ingredientes típicos, pratos tradicionais regionais e principais técnicas de preparo

A cozinha japonesa valoriza o sabor das matérias-primas, ou seja, os ingredientes empregados nas preparações devem ter seus sabores realçados, jamais transformados. Ainda, manter a textura original dos alimentos é uma prioridade que se aplica a algumas carnes, raízes e hortaliças (Tigre, 2011). Além disso, é fundamental que os insumos sejam o mais frescos possível. Nessa perspectiva, molhos e temperos costumam ser meros coadjuvantes (Kanashiro, 2018).

Em geral, trata-se de uma culinária muito saudável e que faz uso limitado de gorduras; em contrapartida, é recorrente a presença de peixes magros, verduras frescas e alguns produtos de soja (Tigre, 2011).

Até o século XIX, os japoneses não consumiam carne e seus derivados. Por isso, não há entre a população o hábito de se alimentar desses insumos/produtos (Holland, 2015). Todavia, a gastronomia do Japão se caracteriza por ser diversificada, por conta da variedade de especialidades japonesas: espetinhos de *yakitori*, *sushi*, *sukiyaki*; *fondues*; *tempuras* de peixes, frutos do mar e legumes empanados (Kanashiro, 2018).

A culinária japonesa envolve combinações de sabores e aromas e variedade de ingredientes, semelhante a uma composição artística, em que cada preparação é uma arte distinta (Tigre, 2011), e o equilíbrio entre os diferentes modos de preparo (cozido, frito, grelhado, assado) é obrigatório (Kanashiro, 2018).

Nas refeições, não pode faltar arroz cozido, o tradicional *gohan*. Além disso, a mesa contém pratos de verduras e legumes variados e de uma porção de peixe (Tigre, 2011). Diferente do arroz tradicional brasileiro, o *gohan* é mais curto, e quando recebe a adição de vinagre salgado e adocicado, é usado nos sushis. Por conta da grande quantidade de amido presente nesse arroz, ele fica "grudento" quando cozido (Kanashiro, 2018).

Embora o arroz seja o principal insumo dos japoneses, o macarrão também é muito apreciado no país, que produz dois tipos diferentes do alimento (*soba* e *udon*), e cada um deles serve como ingrediente para receitas específicas (Tigre, 2011). Feito à base de trigo sarraceno, o *soba* geralmente é servido frio e temperado com um molho levemente adocicado. Já o *udon* é produzido à base de farinha de trigo e costuma ser consumido quente em sopas (Kanashiro, 2018).

A legítima refeição japonesa tradicionalmente é constituída de uma tigela de sopa (usualmente missô), uma tigela de pepinos e um *okazu*, ou seja, o acompanhamento, que pode ser peixe, carne ou algum ingrediente vegetariano (Holland, 2015). Além disso, não se costuma comer sobremesa pós-refeição; os doces, em geral, são consumidos em horários diferentes – normalmente, acompanhados de chás. Ademais, saquês, chás ou cervejas podem acompanhar a entrada ou a salada da refeição principal, muitas vezes composta de legumes variados e marinados em conservas de vinagre e outros molhos (Kanashiro, 2018).

Como o Japão se localiza em uma extensão pequena de terra cercada por diversos mares, há grande abundância e variedade de frutos do mar, fato que explica o alto consumo de peixes no país, os quais são preferivelmente consumidos em sua forma crua. Entre eles, destaca-se o atum, a espécie mais fácil de ser encontrada. Nos supermercados, diferentes espécies desse peixe são comercializadas em diversos tamanhos, sendo a carne da nuca e a da barriga as mais apreciadas (Kanashiro, 2018).

De grande versatilidade, o *tofu* é um ingrediente bastante recorrente nas preparações nacionais e pode ser consumido em todas as refeições do dia – isto é, café da manhã, almoço e jantar (Tigre, 2011), já que se trata de uma fonte proteica considerada essencial pela população (Holland, 2015). Graças a seu sabor neutro, são inúmeras as possibilidades de utilizá-lo, como em saladas de legumes e algas, em pratos de macarrão e em sopas, ou até mesmo frito e grelhado para espetinhos (Kanashiro, 2018).

Ademais, na cozinha japonesa, as raízes costumam ser amplamente empregadas. As de gengibre, ou *shoga*, são utilizadas em sopas e molhos, conferindo-lhes um leve sabor picante. Já o *beni shoga* é macerado em salmoura com vinagre e usado em *sushis* e receitas marinadas. Especificamente o gengibre vermelho-escuro é tingido de verde para acompanhar arroz refogado e macarrões (Kanashiro, 2018).

Natural do Japão, o *wasabi* é um condimento indispensável na culinária nacional – normalmente, em forma de pasta (Kanashiro, 2018). Em virtude de seu sabor refrescante, serve como acompanhamento da maioria das preparações com peixe cru, como *sashimis* e *sushis* (Tigre, 2011).

O rabanete *daikon*, natural do país, é utilizado como guarnição de pratos grelhados ou em saladas; neste último caso, especialmente, deve ser lavado, descascado e ralado. Pode acompanhar também pratos com peixe cru, cortado em tiras longas – no Brasil, esse rabanete é substituído pelo nabo (Kanashiro, 2018).

Uma característica particular da gastronomia do Japão é o uso de algas, tidas como essenciais e empregadas em inúmeras receitas (Tigre, 2011). Uma das mais disseminadas é a alga *nori*, que recobre *sushis* e *makis*, além de ser incorporada em outros pratos. Ainda, entre algumas das algas mais populares, estão: a *wakame*, utilizada para compor saladas, legumes e sopas; a *hijiki*, com levíssimo sabor de avelã, empregada em legumes, saladas e frangos; e a *kombu*, principalmente aplicada em preparações de caldos diversos (Kanashiro, 2018).

As conservas também são populares no Japão. A população segue uma antiga tradição de finalizar as refeições com *sunomono* de pepino (semelhante a um picles), que supostamente limpam o paladar para novos sabores e despertam os sentidos em razão de seu gosto, textura e aroma (Tigre, 2011).

Indispensáveis na gastronomia japonesa, os molhos acentuam os sabores de ingredientes e preparações. O mais famoso, sem dúvidas, é o *shoyu*, feito com grãos de soja fermentados (Tigre, 2011). De sabor levemente adocicado e leve, é menos salgado que os molhos de soja chineses (Kanashiro, 2018). Representante do sabor tradicional japonês, o *daishi* é outro molho que, não raro, serve de base para a produção de outros (Tigre, 2011). Ele resulta do lento cozimento de um peixe – normalmente, filé de bonito – e alga *kombu* (Holland, 2015).

O *mirin* é um licor de sabor adocicado (Tigre, 2011) utilizado principalmente nas marinadas, e o missô, pasta que é produto da fermentação de grãos de soja, é ingrediente da conhecida sopa de missô, além de ser empregado em legumes e saladas (Kanashiro, 2018).

Receitas típicas[1]

Picles de pepino

Rendimento: 4 porções

Ingredientes

- 3 pepinos japoneses
- 1 colher (chá) de *shoyu*

Modo de preparo

Lave bem os pepinos e retire as extremidades deles, sem descascá-los. Corte-os em rodelas de ½ cm, adicione sal e misture bem. Deixe descansar por 1 hora. Em seguida, retire toda a água que se formar. Para servir, coloque cerca de 6 pedaços em cada prato ou tigela. O *shoyu* deve ser acrescentado individualmente.

---

1   Receitas retiradas de Tigre (2009).

Arroz branco *gohan*

Rendimento: 4 xícaras (chá) de arroz

Ingredientes
- 2 xícaras (chá) de arroz branco tipo japonês
- 2 ½ xícaras (chá) de água

Modo de preparo
Lave o arroz diversas vezes com água fria e escorra bem – convém deixá-lo de molho por ao menos 30 minutos antes de cozinhá-lo. Coloque-o em uma panela com água (em quantidade ligeiramente maior que a do arroz). Deixe levantar fervura em fogo alto. Em seguida, reduza bastante o fogo, tampe a panela e cozinhe por 10 minutos. Retire a panela do fogo e deixe esfriar por 10 minutos, sem retirar a tampa; esse procedimento fará com que o arroz obtenha a textura certa.

> **Para saber mais**
>
> LAROUSSE da cozinha do mundo: Oriente Médio, África e Índico. São Paulo: Larousse do Brasil, 2000. Este guia, além de reunir uma grande variedade de receitas típicas, apresenta muitas informações sobre a cultura alimentar dos países estudados neste capítulo.

Síntese

Das cozinhas discutidas até este momento, a cozinha asiática é talvez a que mais se diferencia. Trata-se de uma culinária diversificada e extremamente inusitada, com o uso de ingredientes e técnicas peculiares. Em que pese a similaridade dos insumos encontrados nos países desse continente, há significativas distinções em cada local. De todo modo, a maioria delas tem o arroz como alimento principal.

Questões para revisão

1. Assinale a alternativa em que constam os principais temperos da culinária tailandesa:
   a) Canela, anis, manjericão, coentro e alho.
   b) Cominho, manjericão, coentro, alho, raspas de limão ou folhas de frutas cítricas, pimentas e molho *nan pla*.
   c) Raspas de limão ou folhas de frutas cítricas, gengibre e folhas de coentro.
   d) Canela, molho *nan pla*, manjericão tailandês, coentro, raspas de limão ou folhas de frutas cítricas, pimentas e coco.
   e) Gengibre, alho, anis, manjericão tailandês, folhas de coentro, raspas de limão ou folhas de frutas cítricas, pimentas, coco e molho *nan pla*.

2. A soja e seus derivados são largamente usados na cultura alimentar chinesa. A esse respeito, cite ao menos dois dos principais insumos provenientes da soja utilizados amplamente na gastronomia da China.

3. Explique em que consiste o molho *nuoc-mâm*, muito utilizado no norte do Vietnã.
4. No Japão, diz-se que há uma conserva consumida no final das refeições porque é capaz de limpar o paladar para novos sabores e despertar sentidos, texturas, sabores e aromas. Qual das alternativas a seguir se refere à conserva mencionada?
   a) Conserva de acelga e repolho.
   b) Conserva de pepino.
   c) Conserva de acelga picante.
   d) Conserva de acelga.
   e) Conserva de acelga doce.

5. A respeito do *lassi*, bebida da culinária indiana, avalie as assertivas a seguir e marque V nas verdadeiras e F nas falsas:
   ( ) É feito com iogurte e aromatizado com especiarias, na maioria das vezes, cardamomo.
   ( ) É feito com leite e aromatizado com especiarias, na maioria das vezes, cardamomo.
   ( ) Pode ser doce ou salgado.
   ( ) É apenas doce.
   ( ) É apenas salgado.

   A seguir, assinale a alternativa que apresenta a sequência correta:
   a) V, V, F, F, V.
   b) V, F, F, F, V.
   c) V, F, V, F, F.
   d) F, V, F, F, V.
   e) V, F, F, V, F.

Questão para reflexão

1. Reflita sobre as técnicas e os insumos utilizados nos cinco países estudados neste capítulo. Procure compreender a história de cada uma, a fim de perceber as similaridades entre elas.

Capítulo 5
Cozinha africana: culinárias regionais e influências

Conteúdos do capítulo:
- Culinária da África Central.
- Culinária da África Setentrional.
- Culinária da África Meridional.
- Culinária da África Oriental.
- Culinária da África Ocidental.

Após o estudo deste capítulo, você será capaz de:
1. descrever as culinárias de alguns países da África, bem como as influências recebidas;
2. identificar os ingredientes típicos e os pratos tradicionais regionais do continente africano;
3. desenvolver as diversas técnicas de preparo das culinárias das regiões estudadas;
4. compreender o cenário gastronômico africano.

5.1 A cozinha do continente africano

As regiões que constituem o território africano apresentam culturas alimentares diferentes, por terem sido colonizadas por povos distintos. A região do Sahel, por exemplo, absorveu mais a cultura árabe; a porção centro-oeste recebeu mais influências da cultura indiana; por sua vez, o sul adquiriu mais costumes europeus (Dahlia; Marlène, 2014).

Na África Central, estão as ilhas de São Tomé e Príncipe, que foram povoadas por portugueses, madeirenses e outros europeus que tentaram introduzir na região diversas culturas agrícolas. Uma delas, a da cana-de-açúcar, tornou-se muito importante. No entanto, os insumos mais relevantes no mercado local são o cacau e o café, ambos oriundos dos portugueses. Vale registrar, São Tomé e Príncipe é um dos maiores produtores de cacau do mundo (Hamilton, 2018).

Por sua vez, na porção centro-oeste do continente, que comporta países como Senegal, Guiné, Nigéria, Camarões, Congo e Zaire, o ecossistema predominante é a floresta equatorial. Por se tratar de uma região muito chuvosa e rica em água, graças a grandes rios como o Níger e o Congo, as pessoas vivem sobretudo da caça e da coleta de frutos silvestres. Além disso, no Cerrado, bioma também presente na localidade, são praticadas a pecuária e a agricultura (Dahlia; Marlène, 2014).

O norte da África apresenta uma fusão de inúmeras práticas alimentares originárias dos mais distintos grupos que por ali passaram. A absorção de culturas que emprestaram seus costumes culinários deu origem a uma cozinha única e conceituada, muito relevante para a culinária da região (MacVeigh, 2009).

Por conta de os árabes terem invadido o território e nele propagado sua fé (MacVeigh, 2009), os países do norte, em sua maioria, são muçulmanos; desse modo, as culturas alimentares dessas nações abrigam tradições islâmicas, entre elas não comer carne de porco ou qualquer produto de origem animal (Nenes, 2009b). Também em razão da presença dos árabes no local, especiarias como pimenta-preta, pimenta-longa, canela, cássia, noz-moscada, macis, gergelim, sementes e açafrão foram incorporadas ao repertório africano, sendo as mais significativas para a região (MacVeigh, 2009).

Situado na África Setentrional, o Marrocos tem uma história que se diferencia da de outras nações em virtude do regime político instaurado no local, a monarquia. A culinária local foi fortemente influenciada pelas cozinhas reais. Nesse sentido, as técnicas das cozinhas berbere, europeia e do Oriente Médio, em conjunto com os ingredientes nativos da região, proporcionaram o desenvolvimento de uma gastronomia única e requintada, capaz de despertar todos os sentidos (Holland, 2015).

Por exemplo, do povo berbere, o mais antigo a habitar a região, foram absorvidos métodos rústicos, como cozinhar com o *tagine*, recipiente de tampa cônica inteiramente feita de barro, além das combinações de doce e salgado (Holland, 2015) e do método de secar ao sol (MacVeigh, 2009).

Na África Meridional (ao sul), os países que fazem parte do Sahel incluem Mauritânia, Mali, Níger e Chade. Trata-se de uma imensa área plana e predominantemente desértica na qual vivem populações maioritariamente nômades e pastoris, fortemente influenciadas pela cultura árabe (Dahlia; Marlène, 2014). A Angola é um dos principais países da região.

Essa porção do continente africano enfrentou um intenso domínio inglês e francês. Uma das marcas dessa relação foi a incorporação do molho *chutney*, feito de frutas, condimentos e especiarias, utilizado para acompanhar carnes (Leal, 1998).

Já no leste do continente africano, que reúne 16 países, os hábitos alimentares comportam e incrementam as culturas locais, e as refeições são nutritivas e substanciosas (Holland, 2015). Em Moçambique, por exemplo, a culinária é uma mescla entre as cozinhas nativa indiana e portuguesa (Hamilton, 2018).

Como essa parte do continente não apresenta áreas propícias para o cultivo de cereais, promoveu-se um amplo desenvolvimento do cultivo de vegetais, o que deu origem aos inhames (Visentini; Danilevicz; Ribeiro, 2014).

Por fim, na África Ocidental, um país proeminente no que concerne à culinária é Cabo Verde. Quando esse arquipélago foi reconhecido pelos portugueses, povos escravizados do Ocidente foram levados até ali para povoar o território, carregando consigo diferentes conhecimentos e práticas de cozinha. Ademais, os europeus introduziram na cultura culinária regional alimentos como milho, cana-de-açúcar e mandioca, além da prática de criar animais, como bovinos, caprinos e suínos (Hamilton, 2018).

Ingredientes típicos, pratos tradicionais regionais e principais técnicas de preparo

Algumas receitas são comuns em diferentes partes do continente, como um prato único à base de algum tipo de farinha e um guisado à base de carne e/ou vegetais. De forma genérica, a principal preparação da culinária africana é uma receita à base de carne que, na maioria das vezes, é acompanhada de um molho rico em especiarias – incluindo as mais picantes (Dahlia; Marlène, 2014).

Quanto ao consumo de carnes, a de frango é muito difundida em receitas como o frango *saka-saka* e o frango com manteiga de amendoim, temperado com *dongo*, condimento que oferece uma consistência mais grossa ao molho e lhe confere um sabor particular (Dahlia; Marlène, 2014). Ainda, os nativos apreciam a carne de peixe – consomem, principalmente, garoupa e badejo –, assim como frutos do mar, entre eles camarão, polvo e caranguejo, além da carne suína (Hamilton, 2018).

Principalmente nas ilhas, come-se bastante peixe. A tilápia do Nilo (*poisson capitaine*) é muito apreciada e difundida na África. Seu aroma e sabor se revelam únicos e delicados especialmente quando defumada. O mais comum é grelhar o peixe com especiarias aromáticas e picantes, mas também pode-se fazer croquetes com ele (Dahlia; Marlène, 2014).

Em substituição ao pão e ao arroz, os nativos comem a *injera*, uma massa fina e macia feita com um cereal chamado *teff*, e o *fufu*, espécie de polenta de farinha de mandioca, milho e milheto (Dahlia; Marlène, 2014). Quando faz parte dos pratos africanos, o arroz é servido simples ou acompanhado de carnes ensopadas (Hamilton, 2018). Na maioria das preparações, o milho é pisado em um pilão ou transformado, com o uso do liquidificador, em uma pasta para o preparo de sobremesas (Hamilton, 2018).

Ademais, na África, há o costume de se comer banana, batata-doce e mandioca frita (Dahlia; Marlène, 2014). A batata-doce pode ser cozida em pedaços, ou preparada em forma de purê. Por sua vez, a mandioca é empregada em algumas das receitas mais saborosas e ricas da região, a exemplo do já mencionado *fufu* (FAEC, 2024).

Entre as frutas, a banana e o mamão são as favoritas dos nativos (Hamilton, 2018). Aliás, a maioria das sobremesas é feita à base de frutas como banana, goiaba e coco (Dahlia; Marlène, 2014).

Já nas ilhas, os bolos de banana, coco e abacaxi estão quase sempre presentes nas celebrações tradicionais, especialmente nos casamentos (Dahlia; Marlène, 2014).

Entre as principais receitas da cozinha africana, estão os rolinhos egípcios, o bacalhau com hortelã e as sobremesas com coco (Dahlia; Marlène, 2014).

Do ponto de vista étnico, a África pode ser dividida em duas grandes áreas: África Setentrional (ao norte), predominantemente muçulmana, e África Central (Dahlia; Marlène, 2014).

A alimentação típica dos povos norte-africanos é baseada em grãos e azeite combinados com legumes e carne (MacVeigh, 2009). Original dessa região, um dos pratos mais disseminados mundo afora é o cuscuz (Leal, 1998). Além disso, o trigo é o principal grão cultivado no território ao norte, e seu emprego mais comum é, justamente, nas formas de cuscuz e pães, componentes essenciais na dieta dos nativos do Magrebe (MacVeigh, 2009).

O cuscuz trazido pelos povos berbere há dois séculos pelas regiões ocidental, central e atlântica (Farias et al., 2014) tornou-se muito popular principalmente no noroeste do continente (Freixa; Chavez, 2017). Essa receita é feita manualmente com água, sal e semolina, e, posteriormente, pode-se misturar a ela pedaços de carne, crustáceos e legumes (Farias et al., 2014). O cuscuz pode ser comido com *tagines* (cozidos de carne que levam o mesmo nome dos utensílios em que são preparados) e usado para fazer saladas ou, até mesmo, doces (MacVeigh, 2009).

Quanto às proteínas, as carnes de rebanhos de ovinos e caprinos compõem a base nutricional da população local (Visentini; Danilevicz; Ribeiro, 2014). No Marrocos, por exemplo, a preparação mais tradicional é o *tagine*, cozido que pode ser feito com carne de cordeiro, de frango etc. Nesse prato, não podem faltar ameixas, amêndoas, cebolas e canela – combinação de sabores agridoces (MacVeigh, 2009). Na cidade de Marrakech, há o frango com semente de cominho, que é preparado na *tangia*, recipiente semelhante ao *tagine* (Holland, 2015).

Em geral, os cozidos são feitos de carne ou legumes, os quais são lentamente preparados em um caldo aromatizado com flor de laranjeira ou frutas secas, servidos acompanhados de uma conserva de limão-siciliano (Holland, 2015). No Marrocos, duas receitas relevantes da região são a galinha grelhada com azeitonas e a galinha com grão-de-bico (Leal, 1998). Os vegetais mais populares na região são quiabos, *mulukhia* (verduras semelhantes ao espinafre) e rabanetes; entre as frutas disponíveis estão laranjas, limões e peras. As leguminosas também são alimentos importantes: favas, lentilhas, ervilhas amarelas e feijão-fradinho são algumas opções consumidas (Nenes, 2009b).

Além disso, os *l'hamd mrakad* (limões em conserva) são muito populares e empregados em uma diversidade de receitas de saladas, cuscuz e *tagine* (Holland, 2015), sendo únicos da culinária da África Setentrional (MacVeigh, 2009).

Quanto à utilização de condimentos e especiarias, cada território do norte da África tem suas particularidades. Por exemplo, o *ras el hanout* (ou "chefe da loja") é um *mix* de temperos originário de Marrocos que contém de 25 a 40 ingredientes diferentes, incluindo canela, pimenta-preta, cardamomo verde, cominho, noz-moscada e botões de rosa (Nenes, 2009b). Esse tempero é único, já que cada comerciante faz sua própria mistura. Geralmente, é consumido salpicado em carnes ou em outros pratos e ligeiramente moído (Holland, 2015).

Para o *curry*, outro famoso tempero local, adota-se a mesma prática: cada vendedor cria a própria receita (Nenes, 2009b). A *harissa* é mais uma especiaria associada a essa região. Originária da Tunísia, trata-se de um condimento feito com pimenta-de-caiena triturada com sal e azeite (Holland, 2015).

Por sua vez, no Egito, costuma-se temperar carnes com *baharat*, uma mescla de temperos como canela, cominho, pimenta-da-jamaica e páprica (Nenes, 2009b). Nesse país, as receitas mais tradicionais são: *koshari* (lentilha, macarrão, arroz e grão-de-bico), *kofta* (cordeiro picado picante) e *kebab* (pedaços de cordeiro grelhado).

É grande a disponibilidade de ingredientes na região, com destaque para pistaches, pinhões, amêndoas, avelãs e nozes. Em virtude da fertilidade do solo local, ele proporciona o cultivo de uma boa variedade de frutas, como maçãs, damascos, uvas, melões, marmelos e figos (Nenes, 2009b).

Ao sul da África, está a Angola, cuja culinária, em geral, é baseada em frutos do mar e frango com fubá em forma de purê (Hamilton, 2018). Os principais legumes e vegetais consumidos pelos nativos são as folhas de mandioqueira, tomateiro, quiabeiro, abóbora e feijão. Já entre os principais legumes, estão o quiabo, a abóbora-moranga e abóbora-d'água (Hamilton, 2018). Na capital, Luanda, há ampla diversidade de iguarias, como carne seca de caça e peixe seco assado em brasa (Hamilton, 2018). Os tradicionais pratos brasileiros vatapá e caruru são originários dessa porção do continente (Hamilton, 2018). Os condimentos mais usados no local são o óleo de palma, o azeite de dendê e o óleo de *jinguba* (amendoim) (Hamilton, 2018).

Na África Oriental (ao leste), o prato nacional é o *zighinì*, composto de carneiro guisado, acompanhado de *berbere*, molho rico em páprica picante, e diversos vegetais, tudo servido sobre uma camada de *injera* e *fufu*, ambos já citados (Dahlia; Marlène, 2014).

Várias preparações típicas da Angola levam grãos de feijão, dos quais os mais utilizados são *nhemba* ou *timbauene*, de grãos pequenos e redondos, bem como o feijão-manteiga e o feijão-soroco (ou *oloco*), de cor verde-escuro (Hamilton, 2018).

Entre a infinidade de frutos do mar que a região oferece, os mais consumidos são polvos, lulas, camarões, berbigões e alguns peixes. O costume local é grelhá-los em carvão e usar óleos como de amendoim, de oliva ou de girassol, os favoritos dos nativos (Hamilton, 2018).

Em Moçambique, os utensílios básicos da culinária local são pilões pequenos e grandes, coadores, peneiras de palha, colheres de pau e *mbengas*, utensílios para moer milho. Ademais, os habitantes do campo usam panelas de barro (Hamilton, 2018).

Uma preparação típica de todo o continente são as *chamuças*, de origem indiana, que levam recheios variados; em Moçambique, a preferência é pela carne de vaca e camarão (Hamilton, 2018).

Combinação de arroz, feijão-soroco e leite de coco, o *mucapata* é uma preparação da Zambésia, região situada no centro de Moçambique. De acordo com os costumes antigos, ela deve ser preparada em uma panela de barro, para que fique mais saborosa (Hamilton, 2018).

O uso de bananas, tanto em receitas doces quanto salgadas, é muito recorrente no país, por ser um insumo abundante na região, assim como a castanha-de-caju, de alto valor comercial (Hamilton, 2018).

No oeste, em Cabo Verde, a base da cozinha popular é o milho, o qual pode ser preparado de diversas maneiras e, frequentemente, acompanha carne de porco, feijão, mandioca e batata-doce (EMBCV, 2024). O alimento também é a base para outras preparações, como xerém, cuscuz e pastéis de milho (EMBCV, 2024).

A receita nacional mais apreciada é a *cachupa*, produzida com milho esfarelado misturado com carne ou peixe, toucinho, hortaliças e feijão (Hamilton, 2018). Há duas versões: a rica e a pobre. A primeira, mais exclusiva, era preparada apenas nas casas de famílias ricas com todos os ingredientes disponíveis. Já a pobre era consumida pela grande maioria da população; nela, a carne de peixe era utilizada, por ser mais acessível (EMBCV, 2024).

Embora seja nativa da América do Sul, a mandioca suporta altas temperaturas, razão pela qual se adaptou ao solo cabo-verdense e se tornou um ingrediente importantíssimo para a culinária local (Holland, 2015). Quando misturada ao inhame, dá origem ao prato denominado *fufu* (Holland, 2015).

Para preparar o *fufu*, é necessário ferver mandioca e banana-da-terra (ou outro alimento como milho ou inhame). Depois, deve-se amassar a mistura, para consumi-la mergulhada em uma sopa, ou fazer um buraco nela e recheá-lo com sopa espessa (Holland, 2015).

Do grão de arroz, levado pelos europeus, faz-se o *arroz jollof*. Seu preparo consiste em refogar uma cebola, tomates e extrato de tomate e finalizar tudo com temperos como alho, gengibre, noz-moscada e *curry* em pó. A receita, guarnecida com banana-da-terra frita, serve como acompanhamento para carnes e peixe frito (Holland, 2015).

Ademais, peixes frescos fritos apenas com sal são largamente consumidos no país, sendo uma típica comida de rua. Em algumas regiões, ainda, pode acompanhar *waakye*, feijão-fradinho cozido com arroz (Holland, 2015).

Em Cabo Verde, no geral, é bastante variada a oferta de receitas que levam peixe e marisco (EMBCV, 2024). Os peixes secos defumados ou em conserva servem de ingrediente essencial para dar sabor (Holland, 2015). O atum fresco, cozido em caldeirada, preparado com cebolas ou simplesmente grelhado, é outro exemplo de preparação regional que leva frutos do mar. No entanto, também são consumidos lagostas, perceves, lapas e búzios (EMBCV, 2024).

No que se refere aos condimentos, um dos mais usados é o *adobo*, uma mistura de páprica, alho e sal que confere às preparações um gosto adocicado e picante (Holland, 2015). Ademais, o consumo de molhos, ensopados e caldos é frequente, sempre em conjunto com *fufu*, inhame ou arroz (Holland, 2015).

Assim como em Cabo Verde, em Guiné-Bissau os nativos fazem constante consumo de peixes e frutos do mar, além de compartilharem a mesma técnica de assar na brasa. Os habitantes locais subsistem do cultivo de arroz, milho e alguns legumes. Ainda, o amendoim (*mancarra*) também é empregado em refogados, além de quiabo, espinafre e azeite de dendê. Na preparação mais comum, o amendoim é torrado, moído e coberto com água, transformando-se em um molho a ser incorporado em inúmeras receitas (Hamilton, 2018).

Ainda, na região, é grande o apreço pelo abacate, mas o costume é recheá-lo com atum e finalizá-la com um molho de coco ralado, creme de leite e molho de tomate (Hamilton, 2018). Por fim, quanto às carnes, é comum o consumo de galinha, pato e carne suína.

Receitas típicas

Brinholas

Rendimento: 24 unidades

Ingredientes
- 4 bananas maduras grandes
- ¼ xícara (chá) de açúcar refinado
- 1 colher (chá) de canela em pó
- 4 xícaras (chá) de farinha de trigo
- Água
- Óleo para fritar

Modo de preparo

Amasse bem as bananas com um garfo e, depois, misture-as com o açúcar refinado, a canela em pó e um pouco de água. Despeje a farinha de trigo lentamente nessa massa, adicionando água, se necessário. Em seguida, forme pequenos bolos e frite-os em óleo quente. Depois de dourados, coloque-os sobre papel-toalha, para retirar o excesso de óleo. Sirva as brinholas quentes ou frias.

Omelete de banana

Rendimento: 2 porções

Ingredientes
- 5 bananas-pão, bananas-da-terra, bananas-figo ou bananas-sapo cortadas em pedaços pequenos
- 1 colher (sopa) de manteiga ou azeite
- 6 ovos grandes
- 2 colheres (sopa) de farinha de trigo

Modo de preparo

Cozinhe os pedaços de banana na manteiga ou no azeite em fogo baixo. Enquanto isso, bata os ovos com a farinha de trigo para fazer uma pasta leve. Despeje-a sobre as bananas na frigideira. Quando a pasta estiver dourada de um lado, vire-a para dourar do outro. Sirva quente.

Cuscuz de frango

Rendimento: 4 porções

Ingredientes

- 3 colheres (sopa) de azeite de oliva
- 1 colher (sopa) de manteiga
- 1 frango médio cortado em *drumets*, coxas, asas e peito (caso não queira cortar o frango, pode ser uma mistura de coxas e *drumets* – ao todo, 8 peças)
- 1 cebola branca graúda fatiada
- 1 cebola roxa graúda fatiada
- ½ colher (chá) de gengibre
- 3 pitadas de açafrão em pó
- Sal marinho e pimenta-do-reino moída na hora
- 500 mL de caldo de frango
- 15 g de salsinha picada e um pouco mais para guarnecer
- 1 colher (chá) de canela
- 2 colheres (sopa) de açúcar refinado
- 2 colheres (sopa) de mel
- 450 g de semolina de trigo pré-cozida (cuscuz)
- 30 g de amêndoas torradas (opcional)

Modo de preparo

Em uma frigideira grande, aqueça o azeite e a manteiga e doure os pedaços de frango por 2 a 3 minutos de cada lado. Retire da frigideira e reserve. Junte as cebolas, o gengibre, o açafrão, o sal e a pimenta e refogue por 4 a 5 minutos, até as cebolas ficarem translúcidas. Retorne o frango à frigideira, adicione o caldo de frango e cozinhe por 30 minutos. Pré-aqueça o forno a 230 °C. Coloque a salsinha, a canela e o açúcar e cozinhe por mais 5 minutos. Na sequência, retire os pedaços de frango, disponha-os em uma assadeira e regue com mel. Asse por 10 minutos, ou até o frango corar. Enquanto isso, mantenha o molho do cozimento aquecido e prepare o cuscuz. Disponha a semolina em uma travessa grande e despeje água fervente em quantidade suficiente para cobri-la. Adicione uma pitada de sal, mexa ligeiramente, tampe com um prato e aguarde descansar por 5 minutos. Em seguida, use um garfo para aerar o cuscuz, deixando os grãos soltinhos. Sirva o frango sobre o cuscuz, despeje o molho do cozimento por cima de tudo e salpique com as amêndoas a gosto e um pouco mais de salsinha picada.

Limões em conserva

Rendimento: 6 unidades

Ingredientes
- 6 limões-sicilianos lavados
- 6 colheres (sopa) de sal
- Suco de limão suficiente para cobrir os limões
- 1 canela em pau
- 3 cravos
- 10 grãos de coentro
- 10 grãos de pimenta-do-reino

Modo de preparo
Sobre uma tábua de corte, role os limões de um lado para o outro para deixá-los mais macios. Então, corte-os em quatro quadrantes, mas não os separe (pare o corte quando faltar 1 cm para o quadrante se soltar). Depois, esfregue sal no interior e por toda a polpa exposta e disponha os limões, bem apertados, em um pote de vidro esterilizado, colocando uma camada de sal a cada camada de limões. A intenção é que eles fiquem bem espremidos. Em seguida, cubra tudo com suco de limão – as frutas devem ficar totalmente imersas. Acrescente a canela em pau e espalhe as outras especiarias ao redor dos limões. Feche com uma tampa firme e conserve na geladeira por um mês. Vire o vidro de vez em quando para distribuir igualmente o sal, o suco de limão e as especiarias. Se necessário, adicione mais suco de limão durante o processo.

Pipas

Rendimento: 2 porções

Ingredientes

- Miúdos de 4 frangos
- 50 mL de azeite de oliva
- 1 cebola média picada
- 1 folha de louro
- 2 tomates maduros sem pele e sem sementes picados
- 1 colher (chá) de sal
- 1 colher (chá) de pimenta *jindungo* socada
- no pilão
- ½ xícara (chá) de vinho branco

Modo de preparo

Corte os miúdos dos frangos em pequenos pedaços. Em uma panela, leve ao fogo o azeite, a cebola, a folha de louro e os tomates. Deixe os tomates se desmancharem e tempere-os com o sal e a pimenta *jindungo*. Acrescente os miúdos e aguarde refogar um pouco. Então, adicione então o vinho branco e água (o suficiente para o cozimento). Sirva como se faz na Angola: com bolachas ou fatias de pão torrado.

Caldeirada de cabrito

Rendimento: 10 a 12 porções

Ingredientes
- 4 kg de cabrito

- ¾ xícara (chá) de óleo
- 1 kg de cebola em fatias
- 1 kg de cebola picada
- 3 kg de batata em fatias
- 2 kg de tomates sem pele e sem sementes cortados em fatias
- 6 pimentões sem sementes cortados em fatias
- 2 colheres (sopa) de jindungo picado
- ½ xícara (chá) de salsinha picada
- ½ xícara (chá) de coentro picado
- 2 folhas de louro
- 2 xícaras (chá) de vinho do Porto
- 2 xícaras (chá) de água
- 1 xícara (chá) de aguardente
- Sal e pimenta-do-reino a gosto

Modo de preparo

Prepare um bom refogado com o óleo e a cebola picada. Em uma panela grande, acomode as cebolas em fatias, as batatas, o cabrito, os tomates e os pimentões. Regue com o refogado e tempere com sal, pimenta-do-reino e o *jindungo*. Repita o processo com as camadas até acabarem os ingredientes. Por fim, regue com o vinho do Porto, água e a aguardente. Incorpore as folhas de louro, a salsinha e o coentro e tampe a panela. Deixe cozinhar em fogo baixo, sem mexer nem destampar – mas, de vez em quando, retire a panela do fogo para sacudi-la, a fim de evitar que a mistura grude no fundo. Sirva com arroz branco.

Chamuça

Rendimento: 60 unidades

Ingredientes

Recheio
- 1 kg de coxa de galinha
- Água fervente
- Sal a gosto
- 2 colheres (sopa) de óleo
- 2 cebolas grandes picadas
- 1 tomate grande picado
- 1 colher (sopa) de caril em pó
- 1 colher (sopa) de gengibre ralado
- 1 colher (chá) de cominho
- 1 colher (chá) de cravo
- 1 colher (chá) de canela
- 1 colher (chá) de coentro

Massa
- ½ kg de farinha de trigo
- 1 colher (chá) de sal
- 1 ½ xícara (chá) de água
- 2 colheres (sopa) de óleo

Modo de preparo

Recheio
Coloque as coxas de galinha em uma panela e cubra com água fervente e sal. Cozinhe por 30 minutos em fogo baixo. Deixe esfriar, retire as peles e os ossos e corte a carne em tiras. Em uma frigideira grande, aqueça o óleo. Posicione as tiras de galinha e o resto dos ingredientes do recheio e cozinhe por 30 minutos em fogo baixo, mexendo de vez em quando. Deixe esfriar.

Massa

Misture a farinha de trigo, o sal, o óleo e a água para formar uma massa firme. Amasse bem por cerca de 4 minutos, até que fique macia. Depois, estenda a massa em uma superfície lisa e polvilhada com farinha de trigo e corte-a em retângulos de 3 ou 4 dedos de largura e 15 cm de comprimento.

Montagem

Coloque um pouco de recheio no centro dos retângulos de massa, dobrando-os no formato de envelopes. Fixe as bordas com água ou clara de ovo e frite as chamuças em óleo quente, até ficarem douradas. Disponha-as sobre papel-toalha, para que ele absorva o óleo. Sirva-as ainda mornas com *chutney* de manga.

Mucapata

Rendimento: 4 a 6 porções

Ingredientes
- 1 kg de arroz
- 500 g de feijão-soroco (ou ervilha seca)
- 3 cocos
- 1 L de água
- 1 colher (chá) de sal

Modo de preparo

Lave o arroz e o feijão-soroco (sem a casca). Coloque ambos para cozinhar com água e sal durante 20 minutos. Para obter o leite de coco, rale os frutos e adicione um pouco de água morna à polpa ralada. Despeje em um pano e esprema com as mãos. Junte o leite ao preparado anterior. Deixe no fogo até o feijão terminar o cozimento e o molho secar, quando, então, estará pronto para ser servido – como acompanhamento para galinha grelhada ou de cabidela.

Fufu

O *fufu* é servido no formato de bola. As pessoas se servem de uma pequena porção, modelam-na e a usam para pegar o cozido do prato, como se fosse uma colher, e comer tudo junto. Então, coloque o purê em uma travessa e modele no formato de uma bola lisinha (antes, umedeça as mãos, para não grudar).

Ingredientes
- 1 kg de inhame
- 100 g de manteiga
- Sal marinho e pimenta-do-reino moída na hora

Modo de preparo
Coloque os inhames inteiros e com casca em uma panela grande com água fria, leve ao fogo alto e deixe até ferver. Depois, reduza para fogo médio e cozinhe por 20 a 30 minutos, ou até os inhames amolecerem. Escorra os inhames e, quando esfriarem, descasque-os e pique-os. Em seguida, retorne-os à panela e acrescente a manteiga e os temperos.

Então, amasse tudo e misture bem o purê. Para que a consistência fique bem homogênea, pode-se utilizar um amassador de batatas.

> **Para saber mais**
>
> LODY, R. **Kitutu**: histórias e receitas da África na formação das cozinhas do Brasil. São Paulo: Senac SP, 2019.
> Essa obra apresenta a riqueza da cultura alimentar africana e as diferentes formas com as quais os nativos desse continente produzem seus insumos e suas receitas, além de reunir receitas saborosíssimas e inigualáveis.

Síntese

Neste último capítulo, abordamos a gastronomia praticada na África, cujas preparações são absolutamente particulares e características do território. Em conjunto com os ingredientes e métodos utilizados pelos povos africanos, as receitas tradicionais simbolizam o quão profunda é a cozinha desse continente.

Considerando que a África sempre esteve sob enorme dominação europeia e asiática, nem sempre é fácil reconhecer quais pratos têm raízes exclusivamente africanas. Apesar disso, salientamos que as receitas típicas e mais representativas de cada região utilizam insumos regionais e particulares de cada cultura.

Questões para revisão

1. Com relação aos condimentos usados na África Ocidental, o *adobo* é recorrente. Explique em que consiste esse tempero e como ele é utilizado na culinária dessa região.

2. O cuscuz é um prato muito consumido no norte da África. A respeito desse alimento, pesquise e comente a respeito do processo necessário para fazer os grãos do cuscuz a partir de água, semolina e sal.
3. No continente africano, a mandioca é um insumo muito utilizado. Ela dá origem a um prato denominado *fufu*. Assinale a alternativa que indica corretamente o modo de preparo desse alimento:
   a) A mandioca é fermentada em forma de massa, com sal e pimenta.
   b) A mandioca é fermentada com alho.
   c) A mandioca é fermentada em forma de massa, com manteiga, sal e pimenta.
   d) A mandioca é com alho, sal e pimenta.
   e) A mandioca é cozida com alho, sal e pimenta.

4. O *tagine*, bastante utilizado para o preparo de cozidos, é um recipiente
   a) cônico feito de cerâmica.
   b) cônico feito de barro.
   c) retangular feito de porcelana.
   d) retangular feito de barro.
   e) cônico feito de barro e cerâmica.

5. De onde são originados os pratos típicos africanos como o vatapá e o caruru?
   a) Da África Central.
   b) Da África Meridional.
   c) Da África Setentrional.
   d) Da África Oriental.
   e) Da África Ocidental.

Questão para reflexão

1. Alguns dos ingredientes originalmente africanos são bastante encontrados na nossa culinária. Cite alguns exemplos e considere as receitas nas quais eles são empregados. Você acredita que há um "toque brasileiro" nas preparações nacionais que levam tais insumos?

Considerações finais

A internacionalização da gastronomia é fruto de processos migratórios e invasões de territórios que ocorreram ao longo da história, mas também dos contínuos avanços proporcionados pela modernidade. Ela representa a troca de saberes entre regiões, e é justamente esse "empréstimo" entre culturas que promove a construção de cozinhas regionais.

É da soma desses diversificados conhecimentos e insumos que se forja a cozinha internacional. Assim, essa modalidade gastronômica depende de alguma flexibilidade por parte dos *chefs*, dotados dos fundamentos das cozinhas clássicas, para criar e reinterpretar receitas de diversas origens.

Neste livro, em cada capítulo abordamos culinárias de países de diferentes continentes, explorando suas individualidades e seus processos históricos. Sob essa perspectiva, evidenciamos ao longo deste escrito que cada região do mundo é única em suas práticas e cultura alimentar, considerando aspectos como bioma, clima, religião e contexto cultural.

Referências

ATTALI, J.; PINHEIRO, M. **A epopeia da comida**: uma breve história da nossa alimentação. São Paulo: Vestígio, 2018.

BACCIN, P.; AZEVEDO, S. *Mangiare all'italiana*: cozinha regional, cozinha nacional ou cozinha internacional? **Revista Letras**, v. 86, n. 2, p. 191-209, 2012. Disponível em: <https://revistas.ufpr.br/letras/article/view/29780/19914>. Acesso em: 30 jan. 2024.

BHUMI, J. **Culinária vegetariana indiana**. Joinville: Clube de Autores, 2013.

BRAGA, I. M. R. M. D. Da dietética à gastronomia regional portuguesa: um estudo de caso. **ArtCultura**, v. 16, n. 28, p. 129-142, 2014. Disponível em: <https://seer.ufu.br/index.php/artcultura/article/view/30613/16675>. Acesso em: 31 jan. 2024.

CARNEIRO, H. **Comida e sociedade**: uma história da alimentação. 7. ed. Rio de Janeiro: Elsevier, 2003.

CARTIN, P. **A Taste of Latin America**: Culinary Traditions and Classic Recipes from Argentina, Brazil, Chile Colombia, Costa Rica, Cuba, Mexico, Peru, Puerto Rico e Venezuela. Bournemouth: Imagine Publishing, 2017.

DAHLIA; MARLÈNE. **La cucina africana**. [S. l.]: Edizioni R.E.I., 2014. (E-book).

EMBCV – Embaixada da República de Cabo Verde no Brasil. **Gastronomia**. Disponível em: <http://www.embcv.org.br/portal/gastronomia>. Acesso em: 31 jan. 2024.

FAEC – Faculdade Educacional de Colombo. **Culinária**: comidas africanas. Disponível em: <https://www.faecpr.edu.br/site/portal_afro_brasileira/2_IX.php>. Acesso em: 20 jan. 2024.

FARIAS, P. de O. et al. O cuscuz na alimentação brasileira. **Revista Contextos da Alimentação**, v. 3, n. 1, p. 35-49, 2014. Disponível em: <http://www3.sp.senac.br/hotsites/blogs/revistacontextos/wp-content/uploads/2014/12/29_Revista-Contextos_ed-vol-3-n-1.pdf>. Acesso em: 20 jan. 2024.

FREEDMAN, P. **American Cuisine**: and How it Got this Way. New York: Liveright, 2019.

FREIXA, D.; CHAVEZ, G. **Gastronomia no Brasil e no mundo**. São Paulo: Senac SP, 2017.

GRABOLLE, H. **Cozinha alemã**. São Paulo: Senac SP, 2020.

GUERREIRO, F. J. B. Uma cozinha portuguesa, com certeza: a 'culinária portuguesa'. **Revista Trilhas da História**, v. 8, n. 15, p. 221-236, 2018. Disponível em: <https://repositorio.ul.pt/bitstream/10451/38042/1/Uma_Cozinha_Portuguesa_com_certeza_A_Cu.pdf>. Acesso em: 31 jan. 2024.

HAFF, H. **The Founders of American Cuisine**: Seven Cookbook Authors, with Historical Recipes. North Carolina: McFarland, 2011.

HAMILTON, C. **Os sabores da lusofonia**: encontros de culturas. São Paulo: Senac SP, 2018.

HOLLAND, M. **O atlas gastronômico**: uma volta ao mundo em 40 cozinhas. Rio de Janeiro: Casa da Palavra, 2015.

JUNRU, L. **Culinária chinesa**. Rio de Janeiro: SHU, 2018. E-book.

KANASHIRO, A. **Larousse da cozinha do mundo**: Ásia e Oceania. São Paulo: Larousse, 2018.

KATZ, E. Alimentação indígena na América Latina: comida invisível, comida de pobres ou patrimônio culinário? **Espaço Ameríndio**, v. 3, n. 1, p. 25-41, 2009. Disponível em: <https://seer.ufrgs.br/index.php/EspacoAmerindio/article/view/8319/5217>. Acesso em: 31 jan. 2024.

LANCIO, M. **Authentic Argentine Cuisine**. Buenos Aires: Ediciones Lea, 2014.

LANDI, C. de M. **Da cozinha à gastronomia**: a comida italiana nos restaurantes paulistanos. 123 f. Dissertação (Mestrado em Hospitalidade) – Universidade Anhembi Morumbi, São Paulo, 2012. Disponível em: <https://portal.anhembi.br/wp-content/uploads/2022/06/Camila-de-Meirelles-Landi.pdf>. Acesso: 20 jan. 2024.

LEAL, M. **A história da gastronomia**. Curitiba: Senac, 1998.

LIEN, V. H. **Rice and Baguette**: a History of Food in Vietnam. London: Reaktion Books, 2016.

LOUREIRO, H. **Cozinhar à portuguesa com o chef Hélio Loureiro**. Porto: Porto Editora, 2021.

MACVEIGH, J. **International Cuisine**. New York: Delmar/Cengage Learning, 2009.

MARÍN, R. **Secrets of Chilean Cuisine**. San Francisco: Wine Appreciation Guild, 2010.

MONTANARI, M. **Comida como cultura**. São Paulo: Senac, 2004.

MOTTA, A. C. S. de; SILVESTRE, D. M.; BROTHERHOOD, R. M. Gastronomia e culinária japonesa: das tradições às proposições atuais. **Revista Cesumar** – Ciências Humanas e Sociais Aplicadas, v. 11, n. 1, p. 41-57, 2006. Disponível em: <https://periodicos.unicesumar.edu.br/index.php/revcesumar/article/view/279/124>. Acesso em: 20 jan. 2024.

NENES, M. **American Regional Cuisine**. 2. ed. New Jersey, Canada: J. Wiley & Sons, 2009a.

NENES, M. **International Cuisine**. New Jersey, Canada: J. Wiley & Sons, 2009b.

OLIVEIRA, C. **Tailândia**: cores e sabores. São Paulo: Melhoramentos, 2019.

PAVEZ, A. M.; RECART, C. **Sabores da América**. São Paulo: SM Paradidático, 2013.

PAZMIÑO, C. E. T. **Menú de comida peruana**: "Perú. Cocina clásica". 59 f. Trabalho de Conclusão de Curso (Licenciatura em Arte Culinária e Administração de Alimentos e Bebidas) – Universidade San Francisco de Quito, Quito, 2013. Disponível em: <https://1library.co/document/yeo3dw0q-menu-de-comida-peruana-peru-cocina-clasica.html>. Acesso em: 31 jan. 2024.

REINHARDT, J. C. **Entre strudel, bolachas e stollen**: receitas e memórias. Curitiba: Máquina de Escrever, 2021. (E-book).

ROCHA, A. M. R. **Gastronomia do Peru**: evolução e globalização. 138 f. Dissertação (Mestrado em Ciências Gastronómicas) – Faculdade de Ciências e Tecnologia, Universidade Nova de Lisboa, 2019. Disponível em: <https://run.unl.pt/bitstream/10362/115102/1/Rocha_2019.pdf>. Acesso em: 20 jan. 2024.

SMITH, A. F. **The Oxford Companion to American Food and Drink**. Hardcover: Oxford University Press, 2007. (Oxford Companions).

SOUSA, D. G. L. de; FUKUNISHI, T. Y. N. de S.; FERRO, R. Caracterização da cozinha clássica italiana: uma revisão bibliográfica. In: ENCONTRO LATINO-AMERICANO DE INICIAÇÃO CIENTÍFICA, 21.; ENCONTRO LATINO-AMERICANO DE PÓS-GRADUAÇÃO, 17.; ENCONTRO DE INICIAÇÃO À DOCÊNCIA, 7., 2017, São José dos Campos. **Anais**... São José dos Campos: Universidade do Vale do Paraíba, 2017. Disponível em: <https://www.researchgate.net/publication/321756812_Caracterizacao_da_cozinha_classica_italiana_uma_revisao_bibliografica>. Acesso em: 8 jan. 2024.

TIGRE, C. **A China e seus sabores**: receitas leves e fáceis. Joinville: Clube de Autores, 2022.

TIGRE, C. **Culinária vegetariana tailandesa**. Joinville: Clube de Autores, 2011.

TIGRE, C. **O Japão e seus sabores**. Joinville: Clube de Autores, 2009.

USIL – Universidad San Ignacio de Loyola. **Perú**: sabor y saber – bases y técnicas de la cocina peruana. Lima: Fondo Editorial, 2017. Disponível em: <https://repositorio.usil.edu.pe/server/api/core/bitstreams/882a12a0-318c-4b8d-aa59-bc3f607b5a02/content>. Acesso em: 31 jan. 2024.

VALAGÃO, M. M. Gastronomia portuguesa: heranças antigas, dinâmicas modernas. **CULTIVAR – Cadernos de Análise e Prospetiva**, n. 9, p. 13-21, 2017. Disponível em: <https://www.gpp.pt/images/GPP/O_que_disponibilizamos/Publicacoes/CULTIVAR_9/CULTIVAR_9_REV/assets/common/downloads/Cultivar_9_IMP_rev.pdf>. Acesso: 31 jan. 2024.

VELOSO, R. R.; LIMA, G. E. de; SINOHARA, N. K. S. Doces mexicanos: um mecanismo de reconhecimento cultural. **Research, Society and Development**, v. 11, n. 6, p. 1-10, 2022. Disponível em: <https://rsdjournal.org/index.php/rsd/article/download/29475/25418/336060>. Acesso em: 31 jan. 2024.

VELOSO, R. R. et al. Construção da cultura alimentar mexicana. **Contextos da Alimentação – Revista de Comportamento, Cultura e Sociedade**, v. 7, n. 2, p. 22-37, 2019. Disponível em: <http://www3.sp.senac.br/hotsites/blogs/revistacontextos/wp-content/uploads/2019/12/contextos-final-21-37.pdf>. Acesso em: 20 jan. 2024.

VISENTINI, P.; DANILEVICZ, A.; RIBEIRO, L. **História da África e dos africanos**. 3. ed. São Paulo: Vozes, 2014.

ZANGER, M. H. **The American Ethnic Cookbook for Students**. Westport: Greenwood, 2001.

ZANONI, E.; STIVELMAHER, G. **Argentinian Street Food**: empanadas, helados e dulce de leche. London; Sidney: Murdoch Books, 2014. (E-book).

Respostas

Capítulo 1

Questões para revisão
1. O serviço à francesa consiste em servir cada prato uma única vez. Os convidados são servidos pelo lado esquerdo por um garçom que porta um guardanapo na mão esquerda. Quem se senta à direita do dono da festa sempre é o primeiro a ser servido.
2. O *roux* é uma base para molhos feita de uma mistura de farinha e gordura. É muito utilizado nas culinárias francesa e italiana e foi criado por Pierre de La Varenne.
3. c
4. a
5. c

Capítulo 2

Questões para revisão
1. *Pico de gallo.*
2. b
3. a
4. b
5. As duas vertentes culinárias do sul estadunidense são a *cajun* e a crioula. Embora ambas usem ingredientes locais misturados à culinária clássica francesa e tenham nomes semelhantes, apresentam diferenças de estilo e na execução dos pratos. Além disso, na gastronomia crioula, há maior uso de pão, carnes de corte e sobremesas

rebuscadas, ao passo que na *cajun*, a preferência é por carnes de caça, lagostins, coelho e jacaré, sempre submetidas a um processo de defumação ou marinada.

Capítulo 3

Questões para revisão
1. Cataplana é um cozido que leva chouriço, camarão, vieiras e mariscos. É preparado em um recipiente de alumínio e cobre.
2. Pasta *cacio e pepe*.
3. b
4. c
5. a

Capítulo 4

Questões para revisão
1. e
2. Tofu, molho de soja (*shoyu*) e edamame são os principais subprodutos da soja no cotidiano alimentar.
3. O *nuoc-mâm* é um condimento marrom resultado da fermentação de camadas de peixe. Esse processo dá origem a um pasta da qual se filtra um líquido (suco de peixe) que é utilizado para compor marinadas, molhos e cozidos.
4. b
5. c

Capítulo 5

Questões para revisão

1. Típico do território oeste da África, o *adobo* é uma mistura de páprica, alho e sal que confere gosto adocicado e picante às preparações que levam carne, frutos do mar e frango.
2. O cuscuz é obtido esfregando semolina e água com sal entre as palmas das mãos. Em seguida, deve-se peneirar essa mistura e cozinhá-la no vapor, para, depois, afofá-la com um garfo, deixar descansar e, então, cozinhar outra vez.
3. c
4. e
5. b

Sobre a autora

Helena Branco Meister é graduada em Nutrição pela Pontifícia Universidade Católica do Paraná (PUCPR), especialista em Vigilância Sanitária e Qualidade dos Alimentos pela Faculdade Unyleya e chef Patisserie pelo Centro Europeu. Foi professora e corretora de trabalhos de conclusão de curso de Nutrição e trabalhou com consultoria de alimentos.

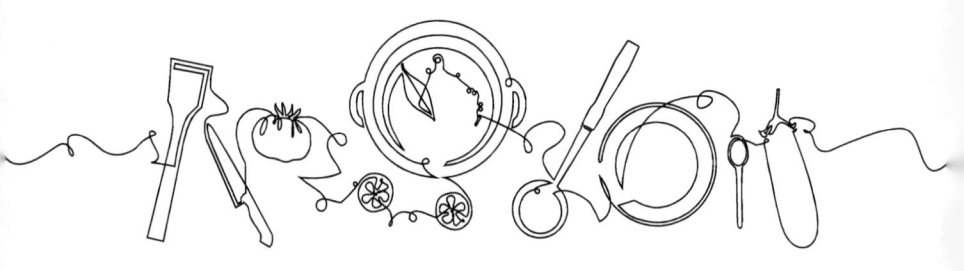

Impressão:
Janeiro/2025